ARTE IN CUCINA 2

KUNSTGENUSS UND GAUMENFREUDEN

Wiebke van der Scheer & Margré Mijer

Aus dem Niederländischen von
Verena Kiefer

GERSTENBERG

INHALT

HINWEIS: Einige Rezepte in diesem Kochbuch enthalten rohe Eier. Bitte verzehren Sie diese Gerichte sofort und bewahren Sie sie nicht auf. Besonders Schwangere und ältere Menschen sollten diesen Hinweis berücksichtigen.

VORWORT

ARTE IN CUCINA 2 – Kunstgenuss und Gaumenfreuden

Nach dem überwältigenden Erfolg unseres ersten Kunstkochbuchs »ARTE IN CUCINA – 33 Künstler und ihre Lieblingsrezepte« konnte eine Fortsetzung nicht ausbleiben. Die Kombination köstlicher Gerichte mit schöner, anregender Kunst kommt hervorragend an!

Mit viel Begeisterung und Hingabe haben wir gemeinsam an diesem Kochbuch gearbeitet. Die KünstlerInnen unserer Galerie lieferten die Illustrationen. Ohne sie und ihre Werke wäre dieses Buch nie entstanden. Noch mehr als beim ersten Band von »ARTE IN CUCINA« haben wir versucht, Abbildungen und Rezepte aufeinander abzustimmen. Auch dieses Mal hat Magré Mijer ein geschmackvolles Layout entworfen – etwas leichter und luftiger –, ein Design, das Appetit auf die vorgestellten Köstlichkeiten macht. Auf vielfach geäußerten Wunsch sind im Anhang ebenfalls wieder Fotografien der einzelnen Gerichte abgedruckt, denn eine kleine visuelle Unterstützung ist für jede Köchin angenehm.

Sämtliche Rezepte wurden in der eigenen Küche probegekocht und – nach einem Schnappschuss für den Anhang des Buchs – genüsslich verzehrt. Familie, Freunde und Nachbarn haben bei Letzterem mit Freuden mitgeholfen und dabei auch einige Pfunde zugelegt.

Lassen Sie sich von den Rezepten zusammen mit den farbenfrohen Werken unserer KünstlerInnen inspirieren. Wir wünschen Ihnen viel Vergnügen und Genuss beim Nachkochen der wunderbaren Gerichte aus diesem bunten und sinnlichen Kochbuch!

Wiebke van der Scheer – Galerie ARTACASA

ARTACASA

kerkstraat 411
1017 hx Amsterdam
artacasa@artacasa.nl
www.artacasa.nl

Öffnungszeiten:
Do / Fr / Sa von 13.00 bis 18.00 Uhr und nach Absprache

RISOTTO MIT GAMBAS UND LANGUSTINEN FÜR CHRISTINA

Für 4 Personen – Zubereitungszeit: 45 Minuten

2 Schalotten
150 g Karotten
100 g Knollensellerie
50 ml Olivenöl zum Anbraten
400 g Risottoreis (Arborio-Reis)
100 ml trockener Weißwein
1 l Geflügelbrühe
150 g Parmesan, frisch gerieben
50 g Sahne
1 Bund Liebstöckel, fein gehackt
Salz & Pfeffer aus der Mühle
16 rohe Gambas, geschält und entdarmt
8 rohe Langustinen
Saft von 1 Zitrone
1 Frühlingszwiebel, fein gehackt

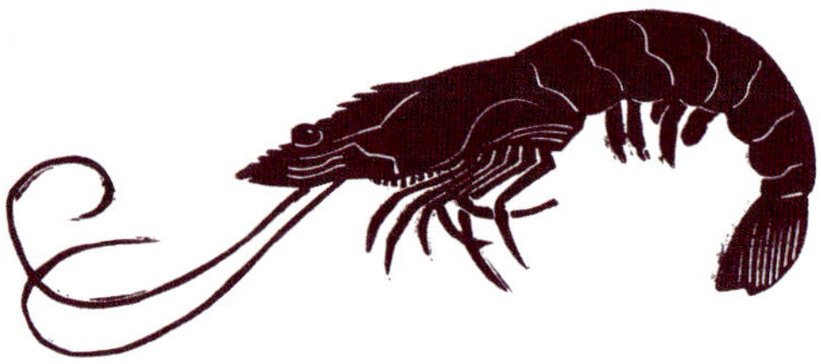

Schalotten, Karotten und Sellerie putzen, waschen und fein würfeln. Gemüse in einem Topf in 2 EL Öl anbraten. Den Reis hinzugeben, gut verrühren und etwa 1 Minute anrösten. Mit dem Wein ablöschen und köcheln lassen, bis die Flüssigkeit fast ganz verdampft ist.

Ein paar Schöpfkellen Brühe zugeben und gut umrühren. Die restliche Brühe nach und nach innerhalb von etwa 20 Minuten unter Rühren zufügen. Hin und wieder probieren, ob der Reis gar ist (die Körner sollten noch etwas »Biss« haben). Sobald der Reis gar ist, Parmesan, Sahne und Liebstöckel unterrühren und mit Salz und Pfeffer würzen.

Die Gambas und die Langustinen in einer Grillpfanne im restlichen Öl scharf anbraten oder im Backofen grillen.

Auf jeden Teller eine Portion Risotto geben und jeweils 4 Gambas und 2 Langustinen darüberlegen. Mit dem Zitronensaft beträufeln und mit den Frühlingszwiebeln garnieren. Sofort servieren.

Tipp: Schmeckt köstlich mit einem gemischten Blattsalat.

Aline E. Jansma

ZEEVRUCHTEN (MEERESFRÜCHTE) – ÖL AUF LEINWAND – 80 X 130 CM

THUNFISCHTÖRTCHEN MIT WASABI-MAYONNAISE

Für 4 Personen – Zubereitungszeit: 15 Minuten

Für den Fisch:
300 g frischer Thunfisch (Sushi-Qualität)
2 Frühlingszwiebeln, fein geschnitten
Salz & Pfeffer aus der Mühle

Für die Wasabi-Mayonnaise:
2 Eigelbe
½ EL Zitronensaft, frisch gepresst
2 EL Weißweinessig
½ EL scharfer Senf
½ EL Blütenhonig
2 EL Wasabi-Pulver (aus dem Asienladen)
200 ml Olivenöl (extra vergine)
1 Prise Salz

Den Thunfisch etwa 10 Minuten in das Tiefkühlfach legen und danach mit einem scharfen Messer in gleichmäßige Würfelchen schneiden. Fisch, Zwiebeln, Salz und Pfeffer in einer Schüssel mischen.

Für die Wasabi-Mayonnaise Eigelbe, Zitronensaft, Essig, Senf, Honig und Wasabi zu einer glatten Paste verrühren. Das Öl unter Rühren nach und nach hinzugeben oder alle Zutaten in einer Küchenmaschine zu einer sämigen Sauce verrühren.

Auf jedem Teller Thunfischwürfel in Form eines Törtchens aufschichten und die Wasabi-Mayonnaise dazu servieren.

De visser uit Carvalhal (Der Fischer aus Carvalhal) – Öl auf Holz – 22 x 20 cm

Aline E. Jansma

Tipps:

- Wenn Sie die Mayonnaise nicht selbst herstellen möchten, mischen Sie 5 EL Mayonnaise aus dem Glas oder der Tube mit 2 EL Wasabi-Paste – fertig!
- Wasabi-Mayonnaise passt auch wunderbar zu Nordseegarnelen.
- Mit einer fein gewürfelten Salatgurke, Reis und einem Blattsalat zaubern Sie aus den Thunfischwürfelchen ein leckeres und leichtes Hauptgericht.

EISTEE MIT FRISCHER MINZE

Für 4 Personen – Zubereitungszeit: 10 Minuten; Kühlzeit: mindestens 3 Stunden

2–3 EL schwarzer Tee (am besten Earl Grey
von guter Qualität)
½ Zitrone
Zucker oder Honig
1 Handvoll frische Minzeblättchen

Schwarzen Tee mit 1 l siedendem Wasser übergießen und den Aufguss 3 Minuten ziehen lassen. Den Tee durch ein Sieb in eine Servierkanne abseihen.

Die Zitrone auspressen und zum Tee geben. Zucker oder Honig sowie Minze zufügen und das Ganze etwa 30 Minuten abkühlen lassen. Den Tee anschließend für mindestens 3 Stunden in den Kühlschrank stellen, damit er eiskalt wird.

»» *Es gibt für mich nichts Schöneres, als die Küche eines Landes durch das Kochen mit frischen Kräutern kennenzulernen. Zwischen frischer und getrockneter Minze, frischem und getrocknetem Rosmarin oder Thymian liegen Welten – ganz zu schweigen von Basilikum. Im Urlaub am Mittelmeer gehören ausgedehnte Spaziergänge zu meinem größten Vergnügen. Überall duftet es würzig nach Kräutern, und die Lorbeerblätter kann man direkt vom Baum pflücken. Das macht so richtig Lust auf ein köstliches Essen!* «« *– Tamar Rubinstein –*

SEA, WATER, WAVES (MEER, WASSER, WELLEN) – MISCHTECHNIK AUF PAPIER – 38 x 31 CM

Tamar Rubinstein

TO GO

LOTTE AU CIDRE (SEETEUFEL MIT CIDRE)

Für 4 Personen – Zubereitungszeit: 45 Minuten

Für die Sauce:
3 Äpfel, geschält und grob geschnitten
70 g Butter
1 EL rote Pfefferkörner
500 g gemischte Pilze (z.B. Austernpilze, Champignons, Maronen, Pfifferlinge, Shiitake oder Steinpilze), in feine Scheiben geschnitten
4 EL Olivenöl
300 ml Cidre (brut fermier), frisch vergoren
200 ml Calvados
250 g Crème fraîche
etwas Zucker
1 Bund Schnittlauch, fein geschnitten

Für den Fisch:
600 g Seeteufelfilets, in Medaillons geschnitten (3 cm dick)
Meersalz
Pfeffer aus der Mühle
10 frische Salbeiblätter

Außerdem:
Olivenöl zum Anbraten

Mit Püree oder Reis und einem Cidre servieren!

Für die Sauce die Äpfel in einer Pfanne in 40 g Butter kurz andünsten, aus der Pfanne nehmen und beiseitestellen. Pfefferkörner und Pilze in derselben Pfanne etwa 4 Minuten in Öl anbraten. Restliche Butter zugeben, danach mit Cidre und Calvados ablöschen. Das Ganze in etwa 15 Minuten um mehr als die Hälfte einkochen lassen.

Sobald der Alkohol ausreichend eingekocht ist, Crème fraîche unterziehen und aufkochen lassen. Zucker und gedünstete Apfelstücke zufügen. Die Sauce 3 bis 5 Minuten köcheln lassen. Den Schnittlauch unterrühren.

Für den Fisch die Seeteufelfilets mit Salz und Pfeffer würzen und mit Salbeiblättern belegen. Fisch in einer Grillpfanne 5 bis 10 Minuten in Öl braten oder im Backofen grillen. Je 1 Stück Seeteufel auf einen Teller geben und reichlich mit Cidre-Sauce bedecken. Heiß servieren.

LOTTE AU CIDRE (SEETEUFEL MIT CIDRE) – MISCHTECHNIK AUF LEINWAND – 140 X 80 CM

Marie Godest

» Jedes Jahr das gleiche Ritual, der gleiche Rhythmus: die Apfelernte im Oktober, die Herstellung des Cidre im Dezember und das Abfüllen der Flaschen im Februar. Stets hing ein ganz besonderer Geruch im alten Schuppen. Feucht und kühl war es dort, es roch nach reifen Äpfeln und leicht modrig. Eine nackte Glühbirne baumelte einsam an einem Holzbalken und warf ihr verschwommenes gelbliches Licht auf die Maschine, die unsere Äpfel pressen sollte. Die zerquetschten Äpfel wurden auf einer Holzpresse aufgehäuft. Als Filter diente Stroh, und der süße Apfelsaft wurde in großen Holztonnen aufgefangen. Nach gut zwei Monaten war der Cidre fertig und konnte auf Flaschen gezogen werden. Als Kind war dies für mich jedes Mal ein magischer Augenblick. Heute erlerne ich die alte Kunst der Cidreherstellung unter dem kritischen Blick meines Vaters, dem Maître de cidre. Ich lerne alles über den ›bretonischen Champagner‹, wie wir ihn hierzulande nennen, damit ich dieses Wissen später ebenfalls an die nächste Generation weitergeben kann. « – Marie Godest –

FRAISE ET FLÛTE (ERDBEERE UND SEKTGLAS) – COLLAGE – 27 X 17 CM

Marie Godest

APFELTARTE – FÜR STANJA

Für 8 bis 10 Personen – Zubereitungszeit: 30 Minuten; Kühlzeit: 15 Minuten; Backzeit: 40 Minuten
Für eine Springform (26 cm ø)

Für den Teig:
175 g Mehl
75 g Butter
abgeriebene Schale von
1 unbehandelten Zitrone
1 Prise Salz
75 g Zucker
1 Ei (Größe M)

Für die Füllung:
7–8 süßsaure Äpfel (z. B. Boskoop, Topaz)
3 EL Zucker
1 Stange Ceylon-Zimt
abgeriebene Schale von
1 unbehandelten Zitrone
75 g Marzipanmasse, ausgerollt
2 EL Aprikosenmarmelade
Puderzucker zum Bestreuen

Außerdem:
Fett für die Form
Mehl zum Bestäuben der Arbeitsfläche

Für den Teig in einer Schüssel Mehl, Butter, Zitronenschale, Salz, Zucker und Ei zu einem Teig vermengen. Arbeitsfläche mit Mehl bestäuben, den Teig ausrollen, in eine gefettete Springform geben und für mindestens 15 Minuten in den Kühlschrank stellen.

Für die Füllung die Äpfel schälen und die Kerngehäuse entfernen, 4 bis 5 Äpfel in kleine Stücke schneiden. Mit Zucker, Zimt, Zitronenschale und etwas Wasser kochen, bis sie weich sind, dann zu Apfelmus stampfen. Die restlichen Äpfel in hauchdünne Scheiben schneiden und beiseitestellen.

Den Backofen auf 200 °C (Umluft 180 °C) vorheizen.

Form aus dem Kühlschrank nehmen, Marzipan und Apfelmus auf den Teig geben, Apfelscheiben darüberschichten und das Ganze im Ofen etwa 40 Minuten backen. Den Kuchen herausnehmen und etwas abkühlen lassen. Die Marmelade in einem Töpfchen mit 2 EL Wasser erwärmen und den Kuchen damit gleichmäßig bestreichen. Mit Puderzucker bestäuben.

LES POMMES (DIE ÄPFEL) – MISCHTECHNIK AUF LEINWAND – 80 X 70 CM

Marie Godest

Brombeersorbet mit Mandelplätzchen

Für 4 Personen – Zubereitungszeit: 20 Minuten; Kühlzeit: 4 Stunden

Für das Brombeersorbet:
500 g frische oder tiefgekühlte Brombeeren
200 ml fruchtiger Weißwein (z. B. Sauvignon blanc)
150 g Zucker
1 Handvoll frische Basilikumblätter
Saft von 1 Limette
1 Zweig frisches Basilikum zum Garnieren

Für die Mandelplätzchen:
75 g brauner Rohrzucker
1 Prise Ceylon-Zimtpulver
30 g Butter, zerlassen
3 EL Mehl
3 EL Mandelblätter

Außerdem:
Backpapier für das Backblech
eventuell eine Eismaschine

Für das Sorbet die Beeren mit Wein, Zucker und Basilikumblättern zum Kochen bringen, bis der Zucker aufgelöst ist. Den Topf vom Herd nehmen, die Mischung weitere 10 Minuten ziehen lassen und dann durch ein Sieb streichen. Mit einem Kochlöffel möglichst viel Püree durch das Sieb drücken.

Die Mischung abkühlen lassen und den Limettensaft hinzufügen. In einer Eismaschine in 30 Minuten zu Sorbeteis drehen oder in ein niedriges Gefäß geben und für 4 Stunden in die Tiefkühltruhe stellen. Die Mischung dabei alle 30 Minuten mit einer Gabel durchrühren. Das Sorbet in schöne Gläser geben und mit dem Basilikum garnieren.

Den Backofen auf 180 °C (Umluft 160 °C) vorheizen.

Für die Plätzchen Zucker und Zimt in einer Schüssel mischen, die Butter hinzugeben und gut verkneten. Mehl und Mandeln untermengen und alles zu einem Teig verarbeiten. Backpapier auf ein Backblech legen. Aus dem Teig 2 cm dicke Kugeln formen und mit einem Zwischenraum von etwa 8 cm auf das Blech legen. Die Teigkugeln im Ofen etwa 5 Minuten backen. Sofort vom Blech nehmen und auf einem Teller abkühlen lassen.

Tipp: Damit das Sorbet eine feinere Konstistenz erhält, pürieren Sie es in einer Küchenmaschine, bevor es ganz gefroren ist.

IJSKONIJN (EISKANINCHEN) – KERAMIK UND PORZELLAN – 60 CM

Marijke Janssen

ENTENBRUST IN ORANGENSAUCE

Für 4 Personen – Zubereitungszeit: 30 bis 40 Minuten

Für die Sauce:
abgeriebene Schale von
1 unbehandelten Orange
1 TL Salz
Saft von 3 Orangen
Saft von 2 Zitronen
3 EL Waldhonig
3 cl Orangenlikör
3 EL Weinessig
300 ml Geflügelbrühe
100 ml Rotwein
5 EL Zucker
100 g Butter
Salz & Pfeffer aus der Mühle
2 große Orangen

Für das Fleisch:
600–800 g Entenbrustfilets
etwas Butter zum Anbraten
1 Handvoll frische Thymianblättchen
zum Garnieren

Für die Sauce die Orangenschale in einem Sieb kurz in Salzwasser blanchieren, herausnehmen und beiseitestellen. Orangen- und Zitronensaft, Honig, Likör, Essig, Brühe sowie Wein in einen Topf geben, zum Kochen bringen und auf die Hälfte einkochen lassen. Die Orangenschale dazugeben (evtl. noch etwas einkochen). Den Topf vom Herd nehmen, Zucker und Butter unter die Sauce mengen. Mit Salz und Pfeffer abschmecken.

Die Orangen schälen und die Haut vom Fruchtfleisch entfernen. Einige Schnitze zum Garnieren beiseitelegen, die übrigen unter die Sauce heben.

Die Filets auf der Fettseite mit einem scharfen Messer rautenförmig einschneiden und mit Salz und Pfeffer bestreuen. In einer Pfanne in Butter rundherum etwa 2 Minuten anbraten, danach 8 bis 10 Minuten auf der Fettseite sowie weitere 2 Minuten auf der anderen Seite braten. Die Filets mit der Sauce bedecken und mit Thymian garnieren. Heiß servieren.

Tipp: Nicht gerade kalorienarm, aber köstlich! Servieren Sie dazu Kartoffelpüree, verfeinert mit Butter, Sahne und frischem Thymian.

TAFELEEND (TISCHENTE) – KERAMIK UND PORZELLAN – 35 CM

Marijke Janssen

MANGOTORTE MIT HASELNUSSSTREUSELN

Für 8 Personen – Zubereitungszeit: 30 bis 40 Minuten; Kühlzeit: mindestens 4 Stunden
Für eine Springform (20 cm ø)

Für den Tortenboden:
150 g holländische Karamellkekse (Bastogne-Kekse), ersatzweise Butter- oder Vollkornkekse
75 g geröstete Haselnüsse, fein gehackt
100 g Butter, zerlassen

Für die Füllung:
2 reife Mangos
6 Blatt Gelatine
Saft von 1 Zitrone
Saft von 1 Orange
200 g Frischkäse
200 g Mascarpone
4 große EL Blütenhonig
150 g Sahne, geschlagen
1 Päckchen Vanillezucker

Für den Streusel- und Sahnebelag:
100 g Mehl
75 g Zucker
75 g kalte Butter, in Stücken
50 g geröstete Haselnüsse, grob gehackt
150 g Sahne
abgeriebene Schale von 1 unbehandelten Zitrone

Außerdem:
Backpapier für das Backblech

Für den Tortenboden die Kekse zerbröseln, die Nüsse unterheben und die Butter unterziehen. Keksmischung in eine Springform drücken. Kühl stellen.

Für die Füllung die Mangos schälen und das Fruchtfleisch pürieren. Gelatine in kaltem Wasser einweichen. Mangopüree, Zitronen- und Orangensaft in einem Topf zum Kochen bringen. Vom Herd nehmen und die Gelatine in der Fruchtmischung auflösen. Abkühlen lassen und ab und zu umrühren.

Frischkäse, Mascarpone, Honig sowie Fruchtpüree verrühren, Schlagsahne und Vanillezucker unterheben und gleichmäßig auf dem Tortenboden verteilen. Die Torte für mindestens 4 Stunden in den Kühlschrank stellen.

Den Backofen auf 200 °C (Umluft 180 °C) vorheizen.

Für die Streusel Mehl, Zucker, Butter und Nüsse mit den Fingern grob verkneten. Streusel auf ein mit Backpapier ausgelegtes Blech geben, in 10 Minuten backen, herausnehmen und abkühlen lassen.
Für den Sahnebelag die Sahne zusammen mit der Zitronenschale steifschlagen. Die gekühlte Torte aus der Form lösen und die Masse auf dem Tortenboden verstreichen. Die Streusel gleichmäßig darauf verteilen.

Boeketje in blauw kannetje (Strauss in blauer Kanne) – Mischtechnik auf Holz – 35 x 25 cm

Andrea Letterie

SARDINAS EN ESCABECHE (MARINIERTE SARDINEN) FÜR ROWANNE

Für 4 Personen – Zubereitungszeit: 20 Minuten

Für die Sauce:
1 Zwiebel, in feine Ringe geschnitten
Olivenöl zum Anbraten
1 rote Paprika, in Streifen geschnitten
1 Knoblauchzehe, in Scheibchen geschnitten
3–4 EL Portwein
100 ml Weißweinessig
50 g Tomatenmark

Für den Fisch:
12 frische Sardinen, ausgenommen oder filetiert
etwas Mehl oder Maismehl zum Panieren
Olivenöl zum Anbraten
Salz & Pfeffer aus der Mühle
2 Zweige glatte Petersilie zum Garnieren, fein gehackt

Für die Sauce in einer Pfanne die Zwiebelringe in 2 EL Öl glasig dünsten. Paprika und Knoblauch hinzufügen und mitbraten, bis sie weich sind. Mit Portwein und Essig ablöschen, das Tomatenmark zugeben und etwa 4 Minuten einkochen lassen. Etwa 100 ml Wasser hinzufügen und einige Minuten weiterköcheln lassen, bis eine sämige Sauce entstanden ist.

Die Sardinen unter fließendem kaltem Wasser abspülen und mit Küchenpapier trockentupfen. Fische im Mehl wenden und in einer Pfanne in Öl je nach Dicke pro Seite in 3 bis 5 Minuten goldbraun braten. Sofort aus der Pfanne nehmen und auf hübschen Tellern zusammen mit der Sauce anrichten. Fische mit Salz, Pfeffer und Petersilie bestreuen.

Tipp: Mit knusprigem Baguette oder frischem Bauernbrot servieren.

Visjes (Kleine Fische) – Mischtechnik auf Holz – 40 x 45 cm

Andrea Letterie

⋙ Es ist Sommer in Barcelona. Die Leute schlendern in hellen Leinenhosen und luftigen Oberteilen auf den Straßen. Wir sind auf der Suche nach einer Tapasbar – und vor allem nach Abkühlung. In unserem dürftigen Spanisch sprechen wir einen Mann an, der gerade mit seinem Kind an uns vorübergeht. Er murmelt undeutlich: ›Ahí a los … euh parasols‹, und zeigt auf eine Straße. Parasols? Der Mann spricht mit einem seltsamen Akzent, der mir igendwie bekannt vorkommt. Und dann erkenne ich den Klang … oh! Der Mann ist tatsächlich Niederländer und ein Landsmann von uns! An diesem Tag kommen wir in den Genuss von köstlichen Boquerones fritos mit einem Sangría – und das alles unter den ›Parasols‹, den Sonnenschirmen. ⋘ – Rowanne Sakkers –

TOM KHA GAI (THAILÄNDISCHE HÜHNERSUPPE)

Für 4 Personen – Zubereitungszeit: 20 Minuten

500 g Hähnchenbrust
200 g frische Champignons
20 g frische Ingwerwurzel
500 ml Geflügelbrühe
400 ml Kokosmilch (aus der Dose)
2 Stängel Zitronengras (aus dem Asienladen)
4 EL Fischsauce (aus dem Asienladen)
1 EL weißer Rohrzucker (aus dem Reformhaus)
1 rote Chilischote, fein gehackt
Saft von 1 Limette
1 Bund frischer Koriander, fein gehackt, zum Garnieren

Die Hähnchenbrust in mundgerechte Stücke, die Champignons in feine Scheiben schneiden. Den Ingwer schälen und in dünne Scheiben schneiden.

In einem Topf Brühe, Kokosmilch, Zitronengras, Fischsauce, Ingwer, Zucker, Chili und Limettensaft zum Kochen bringen. Nach 2 Minuten Hähnchenfleisch und Champignons zugeben und und das Ganze etwa 10 Minuten köcheln lassen. Das Zitronengras herausnehmen und die Suppe mit Koriander garnieren.

Tom Kha Gai schmeckt auch mit Reis vorzüglich!

Kip (Huhn) – Gouache auf Papier – 30 x 20 cm

Berber Boom

PANNA COTTA MIT ROTEN BEEREN FÜR JUKE UND NICOLETTE

Für 4 bis 6 Personen – Zubereitungszeit: 25 Minuten; Kühlzeit: mindestens 6 Stunden (am besten über Nacht in den Kühlschrank stellen)

Für die Panna cotta:
500 g Sahne
500 ml Milch
80 g Zucker
abgeriebene Schale von 1 unbehandelten Zitrone
1 Vanilleschote, der Länge nach aufgeschnitten
5 Blatt Gelatine

Für die Beerensauce:
500 g rote Beeren (Johannisbeeren, Himbeeren, Erdbeeren)
2 EL Zucker
2 EL Orangenlikör (Cointreau)
ein paar Zweige frische Minze
ein paar schöne Johannisbeerrispen oder Beeren zum Garnieren

Außerdem:
Frischhaltefolie
Butter oder Öl zum Einfetten der Dessertschälchen

Für die Panna cotta Sahne, Milch, Zucker, Zitronenschale und Vanilleschote in einen Topf geben und etwa 2 Minuten ziehen lassen. Mischung erhitzen, etwa 1 Minute köcheln lassen und vom Herd nehmen. Zitronenschale und Vanilleschote entfernen. Die Gelatineblätter in kaltem Wasser einweichen, ausdrücken und nach und nach unter die Sahnemischung rühren.

4 bis 6 Dessertschälchen einfetten. Die Sahnemischung in die Schälchen geben und diese mit Frischhaltefolie abdecken, damit sich keine Haut bildet. Schälchen für mindestens 6 Stunden in den Kühlschrank stellen.

Für die Beerensauce Früchte, Zucker sowie Likör in einen Topf geben und sanft köcheln lassen, bis das Obst weich und ein wenig eingekocht ist. Topf vom Herd nehmen und das Mus durch ein Sieb passieren.

Dessertschälchen kurz in heißes Wasser tauchen, die Panna cotta auf Teller stürzen und jeweils etwas Sauce dazugeben. Mit Minze und Johannisbeerrispen oder Beeren garnieren.

BESSEN RITSEN/BESSENSAP/BESSENSAP 2 (BEEREN ABSTREIFEN/BEERENSAFT 1/BEERENSAFT 2) – ACRYL AUF LEINWAND – 70 X 70 CM/30 X 30 CM/30 X 30 CM

Sanne Kuiper

⋙ Als ich dreizehn Jahre alt war, wohnte ich mit meinen Geschwistern in einem großen Haus mit großem Grundstück, auf dem so ziemlich alles wuchs und blühte, was es gibt. Neben einem großen alten Birnbaum, Apfel- und Pflaumenbäumen gab es auch Himbeersträucher, Brombeeren, Stachelbeeren und Johannisbeeren. Die Johannisbeeren fanden wir zwar nicht besonders lecker, aber mit viel Zucker schmeckten sie. Als die Johannisbeeren wieder einmal reif waren, beschlossen wir Kinder, ein großes Gefäß mit Beeren vorzubereiten, um es später essen zu können. Den ganzen Nachmittag waren wir damit beschäftigt, die kleinen Beeren von den Rispen abzustreifen – und als der Topf voll war, streuten wir großzügig Zucker darüber. Doch dann vergaßen wir die Beeren, und das Gefäß stand wochenlang in meinem Zimmer auf der Fensterbank, bis wir uns endlich an unseren großen Beerentopf erinnerten und den Inhalt in geselliger Runde löffelten. Unser Vater fand uns an diesem Nachmittag reichlich angeheitert vor. Keiner von uns hatte die geringste Ahnung, weshalb wir so albern waren! ⋘ – Wiebke van der Scheer –

Aanschuiven (Zu Tisch) – Acryl auf Leinwand – 70 x 100 cm

Sanne Kuiper

ZIEGENKÄSETÖRTCHEN

Für 4 Personen – Zubereitungszeit: 20 Minuten

4 Scheiben Blätterteig (aus dem Kühlregal) oder Filoteig
4 Scheiben weicher Ziegenkäse
1 EL Olivenöl
1 Handvoll frische Thymianblättchen
4 EL Orangenmarmelade

Außerdem: Backpapier für das Backblech

Den Backofen auf 200 °C (Umluft 180 °C) vorheizen.

Den Blätterteig auf ein mit Backpapier belegtes Blech geben und auf jede Teigscheibe 1 Käsescheibe legen. Teig über dem Käse zusammenschlagen.

Die Teigpakete rundherum mit Öl bestreichen und in etwa 15 Minuten goldbraun backen. Die Törtchen herausnehmen. Den Thymian im Mörser leicht pressen, damit er aromatischer schmeckt, und unter die Marmelade rühren. Die Törtchen damit großzügig bestreichen. Lauwarm servieren.

Tipp: Die Ziegenkäsetörtchen mit einem Blattsalat servieren. Das Dressing aus Essig, Öl, Salz, Pfeffer und etwas Marmelade zubereiten.

Ebenfalls ein Klassiker – Ziegenkäse mit Honig, Thymian und Walnüssen!

Barbara Wichers Hoeth

GEITEN (ZIEGEN) – RADIERUNG – 15 X 40 CM

WACHTELEIER IN EINEM NEST AUS LAUCH UND POLENTA

Für 4 Personen – Zubereitungszeit: 20 Minuten

Für die Wachteleier und den Lauch:
16 frische Wachteleier
50 g Butter
300 g Lauch, in lange, feine Streifen geschnitten
2 EL Geflügelbrühe (aus dem Glas)
100 g Sahne
Salz & Pfeffer aus der Mühle
Saft von ½ Zitrone
1 TL Blütenhonig
1 Handvoll Haselnüsse oder Pinienkerne, geröstet und fein gehackt
1 Bund Schnittlauch, fein geschnitten

Für die Polenta:
250 g Maisgrieß (Polenta)
Meersalz
2 EL Olivenöl

Die Wachteleier in etwas Salzwasser 2 bis 3 Minuten kochen, kalt abschrecken, schälen und halbieren.

Die Butter in einem Topf erhitzen und den Lauch darin etwa 5 Minuten bei geringer Hitze garen. Die Brühe mit der Sahne mischen, zum Lauch geben und alles einige Minuten sanft köcheln lassen. Mit Salz, Pfeffer, Zitronensaft und Honig abschmecken und die Sauce noch etwas einkochen lassen.

Die Polenta nach Packungsanweisung zubereiten, etwas Salz und Öl untermischen, mit einem sauberen Tuch abdecken und beiseitestellen.

Jeweils eine Portion Polenta auf einen Teller setzen, die Lauchstreifen als Nest darauf drapieren und 4 Eihälften hineinlegen. Mit etwas Salz, Pfeffer, Haselnüssen oder Pinienkernen sowie Schnittlauch bestreuen.

Tipp: Dieses Gericht schmeckt wunderbar zu Hähnchenbrust, gefüllt mit Pflaumen, Schalotten und Walnüssen, gewürzt mit frischem Rosmarin, einem kräftigen Schuss Cognac sowie etwas Cayennepfeffer. Die gefüllte Hähnchenbrust wird dabei zusätzlich in 1 Scheibe Pancetta (toskanischer Speck) gerollt und in einer Pfanne in Butter in 20 Minuten goldbraun gebacken.

Kwartels (Wachteln) – Radierung – 20 x 20 cm

Barbara Wichers Hoeth

MUSCHELN À L'ÎLE D'YEU

Für 2 Personen – Zubereitungszeit: 15 Minuten

2 kg frische Miesmuscheln
1 große Zwiebel, grob gehackt
6 Knoblauchzehen, grob gehackt
3 EL Olivenöl
1 kräftiger Schuss Weißwein
(z. B. Muscadet)
250 g Crème fraîche
Pfeffer aus der Mühle
1 Bund frischer Koriander,
gehackt

Köstlich mit frischem Baguette!

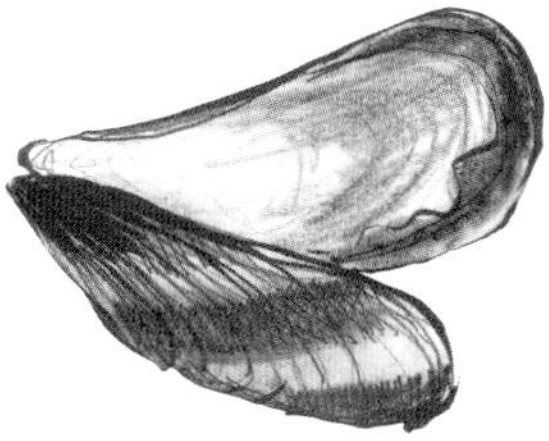

Die Muscheln gründlich waschen, bereits geöffnete entfernen und wegwerfen.

Zwiebel und Knoblauch in einer großen Pfanne im Öl glasig dünsten. Muscheln sowie Wein zufügen. Die Pfanne verschließen und die Muscheln etwa 5 Minuten kochen lassen, bis sie sich geöffnet haben. Crème fraîche, etwas Pfeffer sowie Koriander unter den Sud mischen. Sofort servieren.

» *Die Île d'Yeu ist eine kleine Insel vor der bretonischen Küste. Dort haben wir einmal ganz besonders leckere Venusmuscheln gegessen. Bereite ich bei uns zu Hause ›Muscheln à l'Île d'Yeu‹ vor, verwende ich statt der Venusmuscheln stets Miesmuscheln und ersetze die Petersilie, die sie auf der Insel zu den ›pagosses‹ reichen, durch Koriandergrün.* « *– Barbara Wichers-Hoeth –*

Barbara Wichers Hoeth

Drieteenstrandlopers (Dreizehensttrandläufer) – Radierung – 9 x 40 cm

CHICORÉESALAT

Für 4 Personen – Zubereitungszeit: 20 Minuten

Für den Salat:
4 frische Chicoréestauden
3 Äpfel
Saft von ½ Zitrone
1 Handvoll Rosinen
3 TL in Essig oder Öl eingelegte Kapern
1 kleine Dose Mais (Abtropfgewicht 285 g)
150 g frische Ananas, gewürfelt
150 g griechischer Schafkäse (Feta), gewürfelt
1 Bund Schnittlauch, fein geschnitten

Für das Salatdressing:
4 EL Mayonnaise (aus dem Glas)
4 EL Naturjoghurt
3 EL Ananassaft
Salz & Pfeffer aus der Mühle
Nach Belieben frische Kräuter, fein gehackt
(z. B. Dill, Kerbel, Majoran, Minze, Petersilie, Schnittlauch, Thymian, Zitronenmelisse)

Variieren Sie den Salat mit Walnüssen, Orangen, Mozzarella oder Schinken!

Für den Salat jeweils den Strunk von den Chicoréestauden entfernen und den Chicorée in dünne Ringe schneiden.

Die Äpfel schälen, die Kerngehäuse entfernen und das Fruchtfleisch in kleine Stücke schneiden. Die Apfelstücke mit dem Zitronensaft beträufeln, damit sie nicht braun anlaufen, und zusammen mit den restlichen Salatzutaten in einer Schüssel vermischen.

Für das Salatdressing Mayonnaise, Joghurt, Ananassaft, Salz, Pfeffer und Kräuter verrühren. Den Salat damit marinieren.

Tipp: Salat mit knusprigem Baguette und einem Glas Wein servieren.

» Das Bild mit dem Titel ›Roter Sommer‹ auf der gegenüberliegenden Seite erinnert mich an einen schönen, heißen August in der Bretagne: Unser Zelt auf einem steilen Felsen, Ausblick auf das offene Meer – und wir beim Genießen dieses Chicoréesalats mit einem frischen Baguette, französischem Käse und einem guten Gläschen Rotwein. « – Maria Megens –

Rode zomer (Roter Sommer) – Acryl auf Leinwand – 100 x 50 cm

Maria Megens

PIZZA WIE BEI MAMA

Für 4 Personen – Zubereitungszeit: 1 Stunde

Für den Pizzateig:
250 g Hartweizenmehl
250 g italienisches Weizenmehl (Farina Tipo 00)
1 TL Salz
1 EL brauner Rohrzucker
etwas weißer Zucker
7 g frische Hefe (Hefewürfel aus dem Kühlregal)
2 EL Olivenöl

Für die Tomatensauce:
2 EL Olivenöl
1 rote Zwiebel, fein gehackt
1 große Knoblauchzehen, fein geschnitten
700 g Tomaten, passiert (aus der Dose)
1 EL brauner Rohrzucker
2 EL Balsamico-Essig
½ kleine rote Chilischote, fein geschnitten
Salz & Pfeffer aus der Mühle
1 TL getrockneter Oregano

Für den Belag:
Zutaten nach Wahl (siehe Tipps auf Seite 41)

Außerdem:
Mehl zum Bestäuben der Arbeitsfläche
Backpapier für den Backrost
Öl zum Bestreichen der Teigränder

Den Backofen auf mindestens 250 °C (Umluft 230 °C) vorheizen.

Für den Teig beide Mehle, Salz und beide Zucker in einer Schüssel vermischen. Die Hefe in 300 ml lauwarmem Wasser auflösen und zum Mehl geben. Den Teig von Hand oder in einer Küchenmaschine mindestens 10 Minuten kräftig kneten, nach 5 Minuten das Öl zugeben. Den Teig etwa 20 Minuten unter einem angefeuchteten Geschirrtuch bei Zimmertemperatur gehen lassen.

Für die Sauce das Öl in einem Topf erhitzen. Zwiebel und Knoblauch darin glasig dünsten. Tomaten, Zucker, Balsamico, Chili, Salz, Pfeffer und Oregano hinzufügen und die Sauce etwa 10 Minuten köcheln lassen.

Ein Viertel des Teigs auf einer bemehlten Arbeitsfläche ausrollen und auf einen mit Backpapier belegten Rost geben. Den Teig mit der Sauce bestreichen und mit Zutaten nach Wahl belegen. Den Teigrand mit Öl bestreichen und die Pizza im Ofen etwa 10 Minuten knusprig backen.

KEUKENPRINSES (KÜCHENFEE) – STOFF – 100 x 65 CM

Nicole Ladrak

Tipps für den Pizzabelag:

- Blauschimmelkäse, Birnenschnitze, Rucola (beides erst nach dem Backen auf den Teig geben)
- Tomate, Mozzarella und frisches Basilikum (erst nach dem Backen auf den Teig geben)
- Tomate, dünne Kartoffelscheiben, Knoblauch, Mozzarella und Pancetta (toskanischer Speck)
- Tomate, Datteln, Ziegenkäse, Honig, frischer Thymian, Rosmarin und Pinienkerne
- Mozzarella, Thunfisch und Kapern

Gegrilltes Gemüse, Mozzarella und Sardellen

TOMATENTARTE – VON JET

Für 4 bis 6 Personen – Zubereitungszeit: 30 Minuten; Ruhezeit: 30 Minuten; Backzeit: 40 Minuten
Für eine Tarteform (24 cm ø)

Für den Teig:
200 g Mehl
1 Prise Salz
1 EL frischer Thymian
100 g kalte Butter, in kleinen Stücken
1 Ei, verquirlt
Fett oder Öl für die Form

Für die Füllung:
12 große, reife Tomaten
2 EL Crème fraîche
2 EL Dijonsenf
1 Ei (Größe M)
Salz & Pfeffer aus der Mühle
2 EL Olivenöl
2 EL frischer Thymian

Warm oder kalt mit einem Baguette und einem Weißwein servieren!

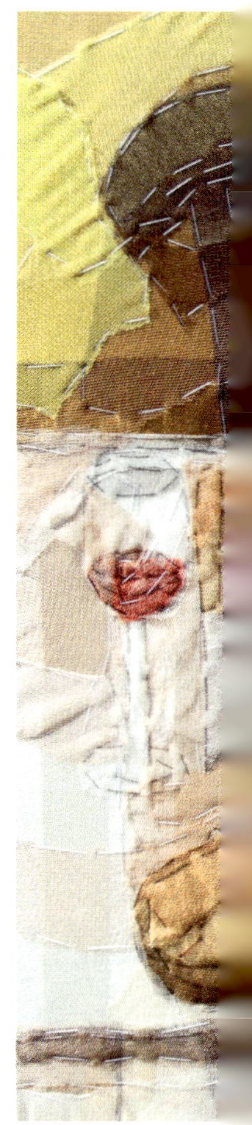

Für den Teig Mehl, Salz, Thymian und Butter in einer Küchenmaschine oder mit den Fingerspitzen kneten, bis eine krümelige Mischung entstanden ist. Das Ei zugeben und alles zu einem geschmeidigen Teig verkneten. Eine Tarteform fetten und den Teig in die Form drücken. Mit einer Gabel ein paar Löcher einstechen und den Teig abgedeckt für etwa 30 Minuten in den Kühlschrank legen.

Den Backofen auf 180 °C (Umluft 160 °C) vorheizen.

Für die Füllung die Tomaten oben über Kreuz einritzen, mit kochendem Wasser überbrühen, enthäuten, in Scheiben schneiden und entkernen.

Crème fraîche, Senf und Ei verquirlen und auf den Boden der gekühlten Tarteform verteilen. Die Tomaten ziegelförmig in die Form schichten. Mt Salz, Pfeffer und Thymian bestreuen und das Ganze im Backofen etwa 40 Minuten backen. Die Tarte aus dem Ofen nehmen, mit etwas Öl beträufeln und mit Thymian bestreuen. Heiß servieren.

Tipp: Hier isst das Auge mit: Statt Tomatenscheiben kann man Cocktailtomaten verwenden. Die Tomaten bleiben dabei an der Rispe, Haut und Kerne werden nicht entfernt (siehe Abbildung auf Seite 162).

Nicole Ladrak

Het diner (Das Abendessen) – Stoff – 85 x 130 cm

MAULWURFSHÜGEL IM GRÜNEN – VON MARGOT

Für 4 Personen – Zubereitungszeit: 45 bis 60 Minuten; Backzeit: 15 bis 25 Minuten
Für eine Auflaufform

Für die Käsesauce:
100 g Butter
100 g Mehl, gesiebt
600 ml Milch
200 g würziger Käse, gerieben
Salz & Pfeffer aus der Mühle
1 Prise Muskatnuss, frisch gerieben

Für das Kartoffelpüree:
1 kg Kartoffeln
2 EL Butter
etwas Milch
Salz & Pfeffer aus der Mühle

Für den Spinat:
8 Eier
1 kg wilder Spinat (Guter Heinrich), ersatzweise frischer Blattspinat

Außerdem: Fett für die Auflaufform

Für die Käsesauce die Butter bei geringer Hitze zerlassen, unter Rühren das Mehl hinzugeben und 1 Minute anschwitzen. Milch, Käse, Salz, Pfeffer sowie Muskat zugeben. Das Ganze vermischen, kurz aufkochen lassen und vom Herd nehmen.

Für das Püree die Kartoffeln in reichlich Wasser aufsetzen. Die Eier für 6 Minuten zu den Kartoffeln ins kochende Wasser geben und mitkochen. Eier herausnehmen, abschrecken, schälen und beiseitestellen. Mit einem Stampfer Kartoffeln, Butter, Milch, Salz und Pfeffer zu einem Püree verarbeiten. Den Spinat waschen und kurz in Salzwasser blanchieren. In einem Sieb gut abtropfen lassen, mit einem Pürierstab zerkleinern und beiseitestellen.

Den Backofen auf 180 °C (Umluft 160 °C) vorheizen.

Eine Auflaufform einfetten, erst eine Schicht Püree, dann Spinat hineingeben. Hart gekochte Eier in den Spinat setzen, die Käsesauce darübergeben und den Auflauf im Ofen 15 bis 25 Minuten garen, bis sich eine schöne Kruste gebildet hat.

»» Meine Schwägerin Margot hat einen wunderschönen Garten voller Kräuter und üppig blühender Pflanzen. Jedes Jahr im Oktober, wenn wir zum Geburtstag unserer Nichte Wilhelmina kommen, blühen dort violette Astern. Als Wilhelmina 17 oder 18 Jahre alt wurde, tischte man uns ein festlich dampfendes Gericht auf: spinatgrün, mit seltsamen weißen Hügeln darin … es schmeckte unglaublich köstlich, herzhaft, sämig – mit Eiern, Spinat und Käse. Vor allem ich als eingeschworene Vegetarierin hätte am liebsten die Auflaufform ausgeschleckt. Seither kommen in meiner Familie mit schöner Regelmäßigkeit ›Maulwurfshügel im Grünen‹ auf den Tisch. «« – Tourette van Meurs –

L'OBJECT TROUVÉ (FUNDSTÜCK) – ÖL AUF HOLZ – 17 X 12 CM

Tourette van Meurs

VANILIN KIFLICI (VANILLEKIPFERL) VON JADRANKA

Für etwa 35 Plätzchen – Zubereitungszeit: 40 Minuten; Kühlzeit: 30 Minuten; Backzeit: 10 Minuten

280 g Mehl, gesiebt
210 g weiche Butter
2 Eigelbe
70 g Puderzucker
100 g Mandeln, gemahlen

Außerdem:
Backpapier für das Backblech
5 EL Puderzucker
1 Päckchen Vanillezucker

Das Mehl mit der Butter verkneten, Eigelbe, Puderzucker und Mandeln untermengen. Den Teig etwa 30 Minuten im Kühlschrank ruhen lassen.

Den Backofen auf 200 °C (Umluft 180 °C) vorheizen.

Aus dem gekühlten Teig jeweils 1 bis 2 TL Teig zu Kügelchen formen und diese zu kleinen halbmondförmigen Kipferl formen. Die Kipferl auf ein mit Backpapier ausgelegtes Blech legen und 8 bis 10 Minuten backen.

Puder- und Vanillezucker in einer Schale mischen. Kipferl aus dem Ofen nehmen, sofort mit einem Spatel vom Blech lösen und etwas abkühlen lassen. Noch warm in der Zuckermischung wälzen. Abkühlen lassen und in einer Gebäckdose aufbewahren.

Tipp: Die Kipferl schmecken nach 1 bis 2 Wochen noch viel besser als direkt nach dem Backen.

»» *Irgendwann bekamen wir kroatische Nachbarn und stellten uns gegenseitig vor. ›Ich heiße Koos‹, sagte ich zu meiner neuen Nachbarin Jadranka. Sie nannte mich von Anfang an ›Kaas‹, also Käse. Zuerst dachte ich, Jadranka hätte Probleme mit der niederländischen Aussprache des ›oo‹, und beließ es dabei. Nach zwei Jahren fand ich jedoch, es wäre an der Zeit, sie aufzuklären. Sie lachte, als ich sie auf die falsche Aussprache hinwies. Die ganze Zeit über hatten ihre Töchter ihr nämlich immer wieder erklärt, dass zwar in den Niederlanden jeder Käse isst, aber niemand so heißt. ›Der schon‹, hatte sie geantwortet und stur daran festgehalten. Von mir aus gern!* «« – Koos ten Kate –

KOEKENBAKKER (PLÄTZCHENBÄCKER) – ÖL AUF HOLZ – 40 X 30 CM

Koos ten Kate

GEFÜLLTER LACHS

Für 4 Personen – Zubereitungszeit: 45 Minuten; Grillzeit: 10 bis 15 Minuten

2 Lachsfilets mit Haut (à 500 g)
3 EL frische Kräuter, fein gehackt
(z. B. Basilikum, Dill, Estragon, Kerbel, Majoran, Minze, Petersilie, Rosmarin, Salbei, Schnittlauch, Thymian)
abgeriebene Schale von 1 unbehandelten Zitrone
1 große Knoblauchzehe, gepresst
Meersalz
Pfeffer aus der Mühle

Außerdem:
Küchengarn
Olivenöl (extra vergine)

Die Lachsfilets abspülen und mit einem Küchentuch trocken tupfen. Ein Stück Lachs mit der Haut nach unten auf ein Brett oder einen Teller legen. Sämtliche Gräten sorgfältig mit einer Pinzette entfernen.

Kräuter, Zitronenschale, gepressten Knoblauch und Öl in einer Schale verrühren.

Die Kräuter-Öl-Mischung großzügig auf die Lachshälfte streichen, dann die zweite Hälfte mit der Haut nach oben darauflegen. Beide Lachshälften mit Küchengarn zusammenbinden. Die Lachshaut mit Öl bestreichen, mit Salz und Pfeffer würzen und in einer Grillpfanne auf jeder Seite je nach Dicke 10 bis 15 Minuten braten. Das Garn entfernen, den Lachs in Scheiben schneiden und servieren.

Tipp: Mit frischem Baguette, einem gemischten Salat sowie einem guten Gläschen Weißwein servieren.

LATE AFTERNOON (SPÄTER NACHMITTAG) – MISCHTECHNIK AUF HOLZ – 60 X 60 CM

Astrid Trügg

»» Vor einigen Jahren zogen wir auf der Suche nach neuer Anregung und aus Abenteuerlust nach Schottland, das Land der rauen Natur und dünn besiedelten Highlands, in denen man stundenlang wandern kann, ohne auch nur einer Menschenseele zu begegnen. An den wunderbaren Küsten und entlang der wildromantischen Flüsse, wo die Lachse auf der Rückkehr zu ihrem Geburtsort flussaufwärts gegen den Strom schwimmen, wird gern geangelt und gejagt. Regelmäßig laden uns Freunde ein, ihren Fang mit uns zu teilen und gemeinsam ein Glas Wein zu trinken. Der Geschmack von wildem Lachs ist sehr fein, wesentlich zarter als der von Zuchtlachsen. Oftmals sind es riesige Fische. Sie bestimmen dann eine ganze Woche lang den Speiseplan. Das erfordert Kreativität: An neuen Ideen für die Verarbeitung sind dadurch Lachspaté, Lachsragout, Lachsmousse – oder dieses köstliche Rezept entstanden. «« – Astrid Trügg –

ŒUFS EN MEURETTE (POCHIERTE EIER BURGUNDER ART) VON NOOR UND MEREL

Für 4 Personen – Zubereitungszeit: 30 Minuten

Für die Sauce:
500 ml Rotwein
5 Schalotten, fein gehackt
1 EL Mehl
50 g Butter, gewürfelt
Salz & Pfeffer aus der Mühle
1 TL Blütenhonig

Für die Eier:
4 Scheiben Frühstücksspeck
4 dicke Scheiben Bauernbrot
1 Knoblauchzehe, halbiert
4 frische Eier (Größe M)

Außerdem: Frischhaltefolie

Für die Sauce den Wein in einem Topf auf die Hälfte einkochen lassen. Die Schalotten hinzugeben und alles noch einmal um die Hälfte einkochen lassen.

Das Mehl in einer Schüssel mit etwas Wein glatt rühren und rasch zusammen mit der Butter unter den eingekochten Wein mischen. Die Sauce mit Salz, Pfeffer, Salz und Honig abschmecken. Durch ein Sieb abseihen und im Wasserbad warm halten.

Für die Eier den Speck in einer Pfanne knusprig ausbraten und auf Küchenpapier abtropfen lassen. Das Brot toasten und mit Knoblauch einreiben.

Etwa 1 EL Wasser in ein Schälchen geben. 1 Ei in das Schälchen schlagen, Schälchen mit Frischhaltefolie gut abdecken und in der Mikrowelle bei 600 Watt etwa 45 Sekunden erhitzen. Den Vorgang mit den restlichen Eiern wiederholen.

Auf jeden Teller 1 Scheibe Toastbrot geben. Je mit 1 Scheibe Speck sowie 1 pochierten Ei belegen. Etwas Rotwein-Zwiebel-Sauce dazugeben und jede Portion mit Salz und Pfeffer aus der Mühle bestreuen.

Tipp: Die Eier lassen sich natürlich auch in einem Topf mit heißem Wasser pochieren … mir ist das jedoch erst nach acht Versuchen geglückt! Außerdem bleiben die Eier in der Mikrowelle schön in Form und zerfleddern nicht. – Leonor Holtslag –

Astrid Trügg

Still Life (Stillleben) – Monoprint – 20 x 28 cm

FEIGEN MIT ZIEGENKÄSE, PARMASCHINKEN UND HONIG

Für 4 Personen – Zubereitungszeit: 15 Minuten
Für eine Auflaufform

8–12 reife Feigen (am besten die violette, mediterrane Sorte, nicht die grünen Feigen, die u.a. in der Bretagne wachsen)
100 g Parmaschinken
1 Stück weicher Ziegenkäse
einige frische Thymianzweige
1 EL Honig
Salz & Pfeffer aus der Mühle
2 EL Olivenöl

Auch für Vegetarier ein köstliches Gericht, denn der Käse schmeckt auch ohne Schinken lecker!

Die Feigen unter fließendem Wasser abspülen, vorsichtig abtrocknen und die Haut der Feigen jeweils oben zweimal quer über die gesamte Frucht einritzen. Die Feigen in eine Auflaufform setzen und um jede Frucht 1 Scheibe Schinken drapieren.

In jede Feige 1 Stück Ziegenkäse und 1 Thymianzweig drücken. In und um die Feigen ein wenig Honig träufeln, das Ganze mit Salz und Pfeffer würzen und mit einigen Tropfen Öl beträufeln.

Den Backofen auf 180 °C (Umluft 160 °C) vorheizen oder den Grill auf mittlere Hitze einstellen.

Die Auflaufform etwa 10 Minuten in den Backofen stellen oder unter den Grill, bis die Früchte und der Käse weich und warm sind und der Schinken knusprig.

Sunny Italy (Sonniges Italien) – Mischtechnik auf Holz – 74 x 63 cm

Erika Raio

Im Garten meines Elternhauses in der Bretagne hatten wir einen Feigenbaum, an dem nur grüne, fast baumwollartige Kugeln hingen, die Feigen sein sollten. Meine italienische Großmutter gab uns aus ihrem Garten in der Nähe von Neapel eine andere Feigensorte mit, eine mediterrane Art, und meine Mutter pflanzte das Bäumchen dicht neben unseren grünen Baum. Jahre später hatten die beiden Feigenbäume sich zu einer neuen Sorte vereinigt – mit Früchten, die außen grün und innen rotviolett waren und einfach himmlisch schmeckten! *– Erika Raio –*

À l'heure romaine (Zur römischen Stunde) – Mischtechnik auf Holz – 83 x 150 cm

SWEETHEART (SÜSSES HERZ) – MISCHTECHNIK AUF LEINWAND – 20 X 20 CM

Erika Raio

TAGLIATELLE AGLI ASPARAGI (BANDNUDELN AN SPARGEL)

Für 4 Personen – Zubereitungszeit: 20 Minuten

400 g grüner Spargel
400 g Tagliatelle (Bandnudeln)
3 EL Olivenöl (extra vergine)
3 Knoblauchzehen, geschält und halbiert
200 g Hähnchenbrust, in Streifen geschnitten
200 g geräucherter Lachs, in Streifen geschnitten
200 g Sahne
Salz & Pfeffer aus der Mühle
6 Zweige glatte Petersilie, fein gehackt
40 g Parmesan, frisch gerieben

Außerdem: Salz für das Spargelwasser

Die Spargelenden abschneiden. Die Stangen in 5 cm lange Stücke schneiden, etwa 10 Minuten in Salzwasser kochen, herausnehmen und beiseitestellen. Das Spargelwasser nicht wegschütten, sondern darin die Nudeln nach Packungsanweisung kochen.

Das Öl in einer großen Pfanne erhitzen und den Knoblauch darin andünsten. Das Hähnchenfleisch zufügen und einige Minuten unter Rühren anbraten. Spargel, Lachs und Sahne zugeben und einige Minuten köcheln lassen. Mit Salz und Pfeffer würzen. Die Hähnchenbrust mit den Nudeln anrichten, mit Petersilie und Parmesan garnieren und heiß servieren.

Mit ausgestrecktem Arm wies Sergio uns den Weg: ›Dort drüben müsst ihr suchen, dort wächst er.‹ Die grünen Hügel unter dem tiefblauen Himmel strahlten Ruhe aus. Wir balancierten über Steine, Erdbrocken und Grasbüschel – und ich hielt dabei Ausschau nach den bekannten, dicken weißen Spargelstangen. Doch davon war keine Spur zu entdecken, so genau wir den Boden auch absuchten. Dann erspähte ich einen zarten grünen Stiel, der aus dem Boden wuchs und eine gewisse Ähnlichkeit mit einer Spargelstange aufwies. ›Das muss wilder Spargel sein‹, dachte ich. Vorsichtig zog ich den schlanken Stängel mit dem schuppigen Kopf ab. Sobald der Erste entdeckt war, folgten weitere, und schließlich kehrten wir mit einem kleinen Strauß Spargel in der Hand, den wir wie eine Trophäe vor uns her trugen, zurück. Wir kochten ein Gericht mit Tagliatelle, etwas Lachs und einem Stück Hähnchenbrust und garnierten es mit den zarten, grünen Wildspargelstangen. – Helena Jansz –

Lamberti

BROCCA 1/BROCCA 2/BROCCA 3 (KRUG 1/KRUG 2/KRUG 3) – PAPIERMACHÉ – 33 X 54 CM

PFLAUMENTARTE – VON TAMAR

Für 4 Personen – Zubereitungszeit: 45 Minuten; Kühlzeit: 15 Minuten; Backzeit: 40 Minuten
Für eine Tarteform (24 cm ø)

Für das Kompott:
600 g reife Pflaumen, entsteint
3 EL Zucker
1 Stück Ceylon-Zimtstange

Für den Mürbeteig:
1 Eigelb
3 gehäufte EL Puderzucker
100 g kalte Butter, in Stücken
150 g Mehl
100 g Zucker

Für den Belag:
2 gehäufte EL Vanillepuddingpulver
2 EL Zucker
250 ml Milch
2 EL Crème fraîche
1 TL natürliches Orangenblütenaroma (Arôme de fleur d'oranger)

Außerdem:
Fett für die Form

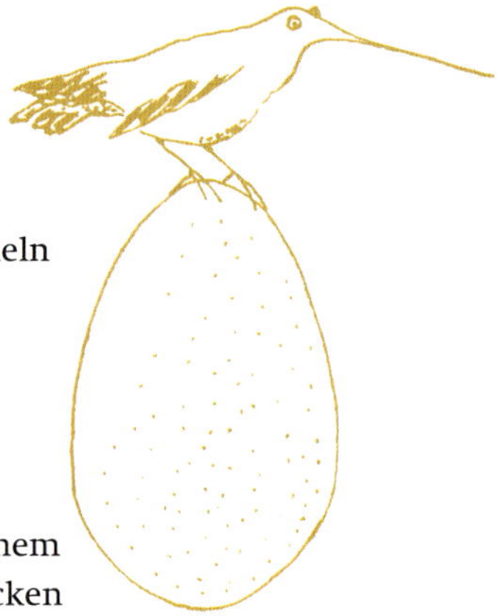

Für das Kompott die Pflaumen vierteln, mit dem Zucker und der Zimtstange in einen Topf geben und etwa 45 Minuten sanft köcheln lassen, bis die Früchte weich sind und möglichst viel Flüssigkeit verkocht ist. Ab und zu umrühren.

Den Backofen auf 180 °C (Umluft 160 °C) vorheizen.

Alle Zutaten für den Teig in einer Schüssel vermengen und zu einem glatten Teig verkneten. Den Teig in eine gefettete Tarteform drücken und etwa 15 Minuten im Kühlschrank ruhen lassen.

Für den Belag das Puddingpulver und den Zucker mit 6 EL kalter Milch verquirlen. Die restliche Milch in einem Topf zum Kochen bringen. Die Puddingpulvermischung unter stetigem Rühren hineingeben und etwa 5 Minuten sanft köcheln lassen, dabei weiterrühren. Den Topf vom Herd nehmen, Crème fraîche und Orangenblütenaroma unterziehen.

Den Pudding auf den Teig geben und das Kompott gleichmäßig darüber verteilen. Die Tarte im Backofen etwa 40 Minuten backen. Vor dem Servieren abkühlen lassen.

Fleur d'orange (Orangenblüte) – Mischtechnik auf Papier – 43 x 33 cm

Tamar Rubinstein

BABA GHANOUSH MIT KAAS-TUILES (ORIENTALISCHES AUBERGINENPÜREE MIT KÄSEHIPPEN)

Für 4 Personen – Zubereitungszeit: 1 Stunde; Grillzeit: 30 bis 40 Minuten; Backzeit: 10 Minuten

Für das Baba Ghanoush (Auberginenpüree):
2 Auberginen
1 EL Zitronensaft
1 Knoblauchzehe, gepresst
1 EL Olivenöl (extra vergine)
1 TL Kumin (Kreuzkümmelpulver)
1 TL Tahini (Sesampaste)
1 EL Joghurt
Salz & Pfeffer aus der Mühle
1 Zweig glatte Petersilie oder
Koriander zum Garnieren

Für die Kaas-Tuiles (Käsehippen):
150 g würziger Käse, fein gerieben
(z. B. junger Parmesan, Pecorino)
1 EL Mehl
1 TL getrockneter Oregano

Außerdem:
Backpapier für das Blech
2 leere, saubere Flaschen

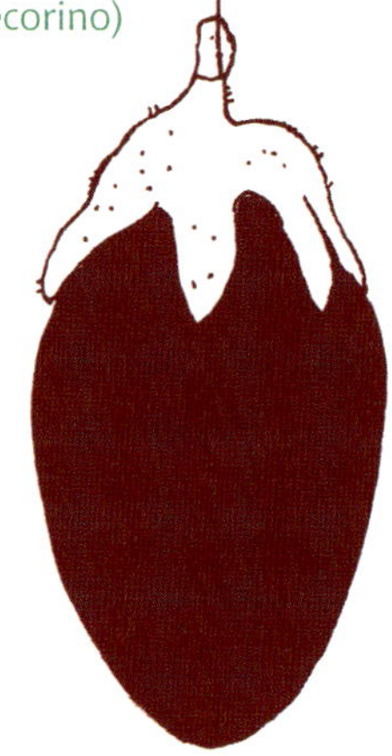

Den Backofen auf 220 °C (Umluft 200 °C) vorheizen.

Für das Püree Fruchtansatz und Enden der Auberginen abschneiden. Die Früchte auf ein Backblech legen und im Ofen (ggf. den Grill dazuschalten) in 30 bis 40 Minuten weich garen.

Die Auberginen aus dem Ofen nehmen, an einer Seite der Länge nach aufschneiden und etwas abkühlen lassen. Das Fruchtfleisch mit einem Löffel aus der Schale heben und zusammen mit Zitronensaft, Knoblauch, Öl, Kumin, Tahini sowie Joghurt in einer Küchenmaschine pürieren. Mit Salz und Pfeffer würzen, in einer schönen Schale anrichten und mit Petersilie oder Koriander garnieren.

Für die Hippen den Käse mit Mehl und Oregano vermengen. Die Mischung als flache Taler von etwa 8 cm Durchmesser auf das Backpapier setzen und im Backofen in 5 bis 10 Minuten goldbraun backen. Gebäck mit einem Spatel vorsichtig vom Blech schieben und die noch warmen Taler um die Flaschenbäuche drapieren, damit sie beim Abkühlen eine gebogene Form erhalten. Das Auberginenpüree zusammen mit den Käsehippen servieren.

BABA HANOUSH (BABA GHANOUSH) – MISCHTECHNIK AUF PAPIER – 38 x 33 CM

Tamar Rubinstein

QUEL'S
FRUTAS BEATRIZ S.L.
EL RAAL (Murcia)
Teléfono 968 81 19 44
R.G.S. 21.1.973/MU

Garnelentörtchen mit Gurke und Avocado

Für 4 Personen – Zubereitungszeit: 20 Minuten

Für den Teig:
5 Scheiben Roggenbrot
½ EL Senf
2 EL Olivenöl
½ EL Mayonnaise
Salz & Pfeffer aus der Mühle

Für den Belag:
200 g frische Nordseegarnelen (Krabben, Granat)
125 g Salatgurke, geschält und fein geschnitten
1 Frühlingszwiebel, fein geschnitten
1 EL Limettensaft
1 Avocado, in groben Stücken
2 EL frische Basilikumblätter, fein gezupft
1 EL Crème fraîche
½ EL Mayonnaise (aus dem Glas)
½ EL mittelscharfer Senf
1 lange Salatgurke, geschält
2 EL Cognac
1 EL geröstete Pinienkerne
frische Kräuter (z. B. Dill, Koriander, Kresse)

Außerdem:
4 lange Holzspießchen

Für den Teig das Brot in kleine Stücke schneiden und mit Senf, Öl sowie Mayonnaise und 1 Prise Salz und Pfeffer verkneten. Die Teigmasse in vier Portionen aufteilen und 4 Tortenböden daraus formen.

Für den Belag in einer Schüssel Garnelen, Gurke, Zwiebel, Limettensaft, Avocado, Basilikum, Crème fraîche, Mayonnaise sowie Senf vermengen und die Masse gleichmäßig auf den Tortenböden verteilen.

Die Salatgurke längs in vier lange Scheiben schneiden. Um jedes Garnelentörtchen 1 Gurkenscheibe drapieren und mit einem Spießchen fixieren. Die Törtchen mit etwas Salz und Pfeffer bestreuen, mit Cognac beträufeln und mit den Pinienkernen und Kräutern garnieren.

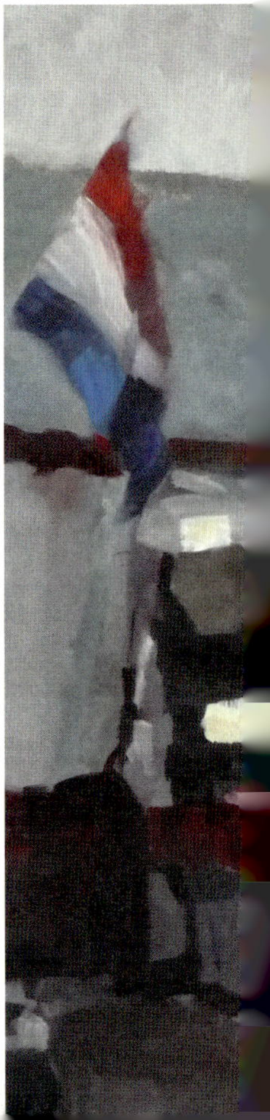

»» *Immer, wenn ich Nordeseegarnelen esse, kommt mir ein bestimmtes Bild von einem Strand in den Kopf, das schon unzählige Male von Künstlern in Gemälden festgehalten wurde: Fischer, die schwere Netze unter den typisch holländischen Wolkenformationen an der Flutlinie entlanggschleppen. Ich höre, rieche und schmecke dann das Meer.* «« *– Diana de Bruin –*

Diana de Bruin

VISKRAAM IN KATWIJK (FISCHSTAND IN KATWIJK) – ÖL AUF LEINWAND – 60 X 80 CM

OBSTTARTE MIT MASCARPONE VON FLORINE BOUCHER

Für 8 Personen – Zubereitungszeit: 25 Minuten; Backzeit: 40 Minuten; Kühlzeit: 2 Stunden
Für eine Tarteform (24 cm ø)

Für den Teig:
200 g Weizenmehl (Type 405)
50 g Zucker
100 g kalte Butter, in Stücken
1 Prise Salz
4–6 EL trockener Weißwein

Für den Belag:
800 g frische Himbeeren und/oder Erdbeeren
150 g Zucker
250 g Mascarpone
1 Päckchen Vanillezucker
2 EL frische Minze, fein gehackt
abgeriebene Schale von 1 unbehandelten Zitrone

Außerdem:
Mehl zum Bestäuben der Arbeitsfläche
Fett für die Form
Backpapier
getrocknete Erbsen zum Blindbacken

Für den Teig in einer Schüssel Mehl, Zucker, Butter und Salz vermengen und die Mischung mit einem Messer durchhacken, bis sie krümelig ist. Den Wein löffelweise darübergeben, dabei mit einer Gabel so lange durchziehen, bis sich der Teig mühelos formen lässt. Auf einer bemehlten Arbeitsfläche ausrollen. Eine Tarteform fetten, den Teig hineindrücken und für 30 Minuten in den Kühlschrank stellen.

Den Backofen auf 220 °C (Umluft 200 °C) vorheizen.

Ein Stück Backpapier auf den gekühlten Teig legen, mit Erbsen beschweren und im Ofen 20 Minuten blindbacken. Papier und Erbsen entfernen, die Temperatur auf 200 °C (Umluft 180 °C) reduzieren und den Teig in 15 bis 20 Minuten goldbraun backen. Abkühlen lassen.

Für den Belag drei Viertel der Beeren und den Zucker in einen Topf geben und mit einer Gabel zerdrücken. Mischung aufkochen und im offenen Topf etwa 7 Minuten köcheln lassen. Die Masse durch ein Sieb streichen. Das Püree abkühlen lassen.

Für den Belag Vanillezucker, Minze sowie Zitronenschale unter die Mascarponemasse ziehen und den Teigboden damit bestreichen. Restliches Obst auf dem Belag verteilen und das Fruchtpüree darübergeben. Die Tarte vor dem Servieren für etwa 2 Stunden in den Kühlschrank stellen.

Weitere Rezepte von Florine Boucher unter: www.florineboucher.nl

Pastry Head 1 (Gebäckkopf 1) – Öl auf Leinwand – 35 x 27 cm

J. T. Winik

»» Wenn die Zänkereien meiner Eltern, die gewöhnlich morgens oder am Nachmittag ausbrachen, etwas Gutes hatten, dann war das verrückterweise etwas sehr Süßes. Die Woche über regierte meine Mutter wie eine Königin in der Küche, aber am Wochenende versuchte mein Vater, der ihre Leidenschaft für kulinarische Experimente teilte, die Macht über den Herd zu ergreifen. Die Pläne der Königin vertrugen sich nicht mit seinen … und dann fingen sie an zu zanken. Hätte man nicht gewusst, um was es hier ging, und nur die Lautstärke ihres Gesprächs in Dezibelwerten gemessen, dann hätte man meine Familie leicht für asozial halten können. Wir Kinder mussten jedoch meist über die Streitgespräche lachen. Wir wussten, dass uns am Ende stets eine Belohnung erwartete: köstliche Kuchen, Torten, allerlei Gebäck, auch einige herzhafte Leckereien, aber doch vor allem viel Süßes … das ist meine Erinnerung an diese wunderbar zänkischen Wochenenden. «« – J. T. Winik –

Pastry Head 3 (Gebäckkopf 3) – Öl auf Leinwand – 27 x 22 cm

J. T. Winik

SOPA DE MARISCO (FISCHSUPPE) – VON E.F. & D.W.

Für 4 Personen – Zubereitungszeit: 1 Stunde

4 EL Olivenöl (extra vergine)
2 Zwiebeln, grob gehackt
4 Knoblauchzehen, grob gehackt
2 rote Chilischoten, fein geschnitten
2 Karotten, klein geschnitten
2 Stangen Staudensellerie, in Scheiben
8 reife Tomaten, enthäutet und entkernt
250 ml Weißwein
1,5 l Hühnerbrühe
Salz & Pfeffer aus der Mühle
1 Handvoll frische Petersilie, fein gehackt
500 g feste Weißfischfilets
500 g frische Muscheln, nach Belieben Krebsscheren, Kalamari und andere Meeresfrüchte
4 frische Jakobsmuscheln, halbiert
4 große Garnelen, geschält und entdarmt
1 unbehandelte Zitrone, in Scheiben geschnitten
1 Handvoll frischer Koriander zum Garnieren
nach Belieben 1 Spritzer Tabasco

Außerdem: Öl zum Anbraten der Meeresfrüchte und zum Beträufeln

In einem großen Topf 2 EL Öl auf mittlere Temperatur erhitzen und darin Zwiebeln, Knoblauch, Chili, Karotten und Sellerie unter ständigem Rühren etwa 5 Minuten dünsten. Die Tomaten zufügen und die Temperatur erhöhen. Mit dem Wein ablöschen, gut durchrühren und das Ganze etwa 10 Minuten sanft köcheln lassen.

Die Suppe mit einem Stabmixer fein pürieren. Brühe, Salz, Pfeffer sowie Kräuter hinzufügen und etwa 5 Minuten köcheln lassen.

Die Fischfilets abspülen, trockentupfen und in mundgerechte Stücke schneiden. Fisch und Meeresfrüchte – bis auf die Jakobsmuscheln und die Garnelen – in die Suppe geben. Weitere 10 Minuten köcheln lassen.

Jakobsmuscheln und Garnelen mit Salz und Pfeffer würzen und in einer Pfanne in 1 EL Öl rundum scharf anbraten.

Die Suppe in tiefen Tellern anrichten, jeweils mit 1 Jakobsmuschel, 1 Garnele, 1 Zitronenscheibe sowie Koriander garnieren und mit Öl beträufeln. Nach Belieben etwas Tabasco darübergeben.

Als ich E. F. und D. W. zum ersten Mal traf, waren sie schon um die Mitte siebzig, wirkten aber wie frisch verheiratet. In einem unbeobachteten Moment, wenn D. W. glaubte, dass niemand zusah, streichelte sie ihrem Mann sanft über den Hintern. Daraufhin lächelte er und machte heimlich bei ihr dasselbe, mit einem kleinen abschließenden Kneifen, was sie beide zum verschmitzten Lachen brachte. Offensichtlich war das ein intimer Scherz zwischen den beiden. Eines Abends kochten sie für uns eine Fischsuppe. Jedes Mal, wenn sie diese Suppe zubereiteten, schmeckte sie etwas anders, aber immer köstlich. Ich bat D. W. um das Rezept. Erst lachte sie, aber dann bereitete sie die Suppe in meiner Anwesenheit zu, während ich mir Notizen machte. Auch darüber musste sie lachen. ›Es gibt gar kein Rezept‹, meinte sie. ›Du brauchst nur Liebe, Fantasie und den Mut zu spielen.‹ ›Zu spielen?‹, fragte ich. ›Ja‹, sagte sie. ›Sorge dich nicht um die Zutaten. Wenn du keine Garnelen hast, dann wirfst du eben ein paar Muscheln hinein – und wenn du dies und jenes nicht hast, dann nimmt du eben, was da ist. Das ist der eigentliche Spaß dabei und das Faszinierende an einer Fischsuppe – und das Faszinierende an allem im Leben‹, schmunzelte sie. – J. T. Winik –

Sopa de marisco (Fischsuppe) – Öl auf Leinwand – 33 x 54 cm

FISCHTOPF ALGARVE

Für 4 Personen – Zubereitungszeit: 15 Minuten; Garzeit: 20 Minuten
Für eine Auflaufform

800 g Fischfilets nach Wahl
Saft von 1 Zitrone
1 TL Salz
2 EL Mehl
4 EL Parmesan, fein gerieben
50 g Butter
1 Zwiebel, in feine Ringe geschnitten
2 reife Tomaten, gewürfelt
2 Gewürzgurken, in Streifen geschnitten
½ Camembert, in Streifen geschnitten
1 TL edelsüßes Paprikapulver
2 Zweige frischer Dill, fein gehackt

Filets abspülen, trockentupfen und in Streifen schneiden. Mit der Hälfte des Zitronensafts einreiben und salzen. Mehl und Parmesan in einem tiefen Teller vermengen. Die Fischstreifen darin wälzen und beiseitestellen.

Den Backofen auf 180 °C (Umluft 160 °C) vorheizen.

Eine Auflaufform mit der Hälfte der Butter einfetten. Zuerst den Fisch, dann Zwiebelringe und Tomaten in die Form geben, darauf Gurken und Camembert schichten und das Ganze mit Paprikapulver bestreuen. Die restliche Butter in Flöckchen daraufgeben, mit dem übrigen Zitronensaft beträufeln und den Auflauf im Backofen 20 Minuten garen. Mit Dill garnieren und heiß servieren.

Tipp: Dazu passen Reis und der Chicoréesalat auf Seite 38.

»» Mit meinem großen Bruder am Meer bei Zandvoort: Wir hatten beide eine Angel, meine Schnur war ständig verknotet, und dennoch war ich zuversichtlich, dass noch irgendwann eine Scholle anbeißen würde. Zeit spielte keine Rolle. Noch heute ist das Angeln für mich eine wunderbare Sache: fremde Häfen erkunden – egal, wo auf der Welt –, bunte Boote, Netze, Möwengeschrei und geschäftiges Treiben. Ferien in Zandvoort mit den Geschwistern gibt es nicht mehr, aber ab und zu sitzen wir bei meiner Schwester noch gemeinsam am Tisch und genießen diesen köstlichen Fischtopf. Dann werden die Erinnerungen wieder lebendig – an die Formen und Farben von Fischen und ihren Geschmack. Mein Sternzeichen ist – wie sollte es anders sein – Fisch. «« – Monique van Stokkum –

Monique van Stokkum

VISVROUW (FISCHFRAU) – ÖL AUF LEINWAND – 18 X 24 CM

SCHWEINEFLEISCHTERRINE MIT PFLAUMEN UND COGNAC

Für 10 Personen – Zubereitungszeit: 30 Minuten; Marinierzeit: 6 Stunden; Garzeit: 1,5 Stunden
Für eine Pastetenform mit Deckel (Fassungsvermögen 1 l)

700 g mageres Schweinefleisch
200 g Bauchspeck
200 g Hühnerlebern
100 g Frühstücksspeck, klein geschnitten
1–2 TL Meersalz
2 TL schwarzer Pfeffer
1 TL Muskatnuss, frisch gerieben
6 EL Cognac
15 große Trockenpflaumen, entkernt
1 frisches Ei (Größe M)
2 Schalotten, grob gehackt
4 Lorbeerblätter
8 dünne Scheiben Frühstücksspeck

Außerdem:
Fett für die Form

Pflaumen und Gehacktes für einige Stunden im Cognac marinieren lassen!

Schweinefleisch, Bauchspeck, Lebern und Speckwürfel in kleine Stücke schneiden und grob hacken. Salz, Pfeffer, Muskat und Cognac hinzugeben und das Ganze für mindestens 6 Stunden in den Kühlschrank stellen.
Die Pflaumen in warmem Wasser einweichen.

Den Backofen auf 200 °C (Umluft 180 °C) vorheizen.

Ei und Schalotten unter das Fleisch mischen. Pastetenform fetten und die Lorbeerblätter auf dem Boden auslegen. Form mit dem Frühstücksspeck auskleiden, dabei die Scheiben überlappen lassen. Die Hälfte der Fleischmasse in die Form geben, die eingeweichten Pflaumen darauflegen und darüber das restliche Fleisch schichten. Überhängende Speckscheiben auf die Füllung klappen und die Form mit einem Stück Backpapier abdecken.

Den Deckel auf die Form setzen und das Ganze in Alufolie einwickeln.
In eine hitzebeständige Schüssel stellen, die zur Hälfte mit Wasser gefüllt ist, und im Backofen im Wasserbad etwa 1,5 Stunden garen. Die Form herausnehmen und abkühlen lassen. Überschüssiges Fett entfernen.
Terrine aus der Form lösen und in Scheiben geschnitten servieren.

Varken 2 (Schwein 2) – Acryl auf Holz – 19 x 19 cm

Tonny van Raaijen

Tipp: Die Schweinefleischterrine schmeckt noch herzhafter, wenn sie einige Tage im Kühlschrank durchgezogen ist. Geschmacklich harmonieren damit Pflaumenmarmelade oder Mangochutney mit knusprigem Baguette oder Bauernbrot.

BEEF RENDANG (INDONESISCHES SCHMORFLEISCH) MIT SAMBAL-KOKOS-BOHNEN

Für 4 Personen – Zubereitungszeit: 30 Minuten; Schmorzeit: mindestens 3 Stunden

Für das Schmorfleisch:
1 Zwiebel, grob gehackt
2 Knoblauchzehen, fein gehackt
2 rote Chilischoten, fein geschnitten
2 EL Tamarindenmus (aus dem Asienladen)
2 TL Garnelenpaste (aus dem Asienladen)
2 EL Rohrzucker
3 cm frische Ingwerwurzel, fein geschnitten
3 cm Galanga (Galgant- oder Laoswurzel; aus dem Asienladen), fein geschnitten
1 Handvoll frischer Koriander, fein gehackt
3 EL süßliche Sojasauce (Ketjap Manis; aus dem Asienladen)
2 EL Olivenöl
750 g durchwachsenes Rindfleisch, gewürfelt
2 Blätter Salam (indonesischer Lorbeer), in feine Streifen geschnitten
1 Stängel Zitronengras

Für die Sambal-Kokos-Bohnen:
2 EL Olivenöl
250 g grüne Bohnen oder asiatische Spargelbohnen (aus dem Asienladen), in Stücke geschnitten
1 Zwiebel, in dünne Ringe geschnitten
2 Knoblauchzehen, gepresst
1–2 TL Sambal Olek
1 TL Kumin (Kreuzkümmel), ganz
200 ml Kokosmilch

Alle Zutaten für das Schmorfleisch außer Öl, Fleisch, Salamblätter und Zitronengras in einen Mixer geben und zu einer Paste pürieren (auch als Fertigmischung unter dem Namen »Boemboe« im Asienladen erhältlich). Das Püree in einem Topf in Öl kurz anbraten. Das Fleisch hinzugeben und gut durchrühren. Die Salamblätter zusammen mit 250 ml Wasser unterrühren. Das Zitronengras in den Topf legen und das Fleisch bei geringer Hitze mindestens 3 Stunden schmoren, bis es schön mürbe und die Sauce sämig ist.

Für die Sambal-Kokos-Bohnen das Öl in einer Pfanne erhitzen und die Bohnen darin 5 Minuten scharf anbraten. Zwiebel, Knoblauch, Sambal Olek, Kumin sowie Kokosmilch hinzufügen und das Ganze weitere 5 Minuten garen. Das Schmorfleisch mit den Bohnen anrichten. Reis und Gurkensalat dazu reichen.

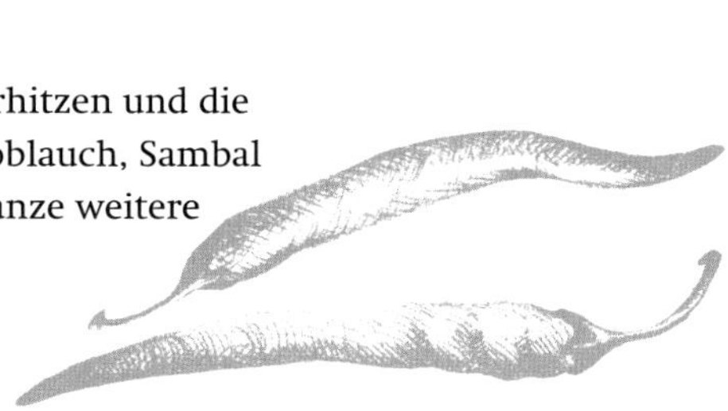

Boerenbont 5/4/3 (Bauernmalerei 5/4/3) – Acryl auf Holz – 42 x 42 cm/42 x 42 cm/47 x 47 cm

Tonny van Raaijen

⋙ Jedes Jahr kurz vor dem Winter ließen meine Eltern eine Kuh vom eigenen Hof schlachten. Für mein Gefühl lieferten diese Kühe immer die besten Steaks. Als meine beiden Schwestern und ich noch Kinder waren, kamen diese Steaks bei uns zu Hause manchmal am Samstagabend in die Pfanne. Dann hockten wir mit feuchten Haaren vom Baden und im Schlafanzug auf dem Sofa vor dem Fernseher und aßen köstliche, in Butter gebratene Steaks. Dieser Geruch … mmmh, dieser Geschmack! ⋘ – Fanny van Raaijen –

SCHARFES THAIHUHN VON VINCENT FÜR ANDREA

Für 4 Personen – Zubereitungszeit: 10 Minuten; Kochzeit: 2 bis 3 Stunden
Für einen Wok

- 500 ml Kokosmilch (aus dem Asienladen)
- 2 EL Fischsauce (aus dem Asienladen)
- 70 g rote Currypaste (aus dem Asienladen oder selbstgemacht, siehe Rezept auf Seite 78)
- 12–16 enthäutete Hähnchenschenkel
- 1 Prise Salz
- 2–3 Tassen Pandanreis (thailändischer Duftreis)
- verschiedene Gemüse für den Wok (z. B. Brokkoli, Karotten, Lauch, Mais, Paprika, Zuckerschoten, Zwiebeln), klein geschnitten
- 3 EL Olivenöl
- 1 rote Chilischote, entkernt und fein geschnitten
- 1 EL Austernsauce (aus dem Asienladen)
- 1 EL brauner Zucker
- 1 Handvoll frische Sojasprossen

Köstlich zu Bier oder einem kalten Pinot grigio!

Kokosmilch, Fischsauce und Currypaste in einem großen Topf erhitzen. Die Hähnchenschenkel dazugeben, alles zum Kochen bringen und 2 bis 3 Stunden bei geringer Hitze köcheln lassen.

In einem Topf 800 ml Wasser und Salz zum Kochen bringen. Den Reis zufügen, umrühren und zugedeckt köcheln lassen, bis das gesamte Wasser aufgenommen wurde. Vom Herd nehmen und den Reis 5 Minuten mit einem doppelt gefalteten Geschirrtuch unter dem Deckel ruhen lassen.

Das Gemüse außer den Sprossen in einem Wok in Öl bissfest garen, Chilischote und Austernsauce zugeben, mit Zucker verfeinern und zum Schluss die Sprossen unterheben. Hühnchencurry mit Reis und Gemüse anrichten und heiß servieren.

Kommetjes op tafel (Schälchen auf Tisch) – Mischtechnik auf Holz – 40 x 40 cm

Andrea Letterie

»» *Als Andrea das erste Mal bei mir zum Essen eingeladen war, habe ich für uns ein Thaihühnchen gekocht. Im Haus roch es köstlich nach Duftreis und aromatischem Curry. Allerdings hatte ich viel zu wenig Kokosmilch verwendet – mit dem Effekt, dass das Gericht ausgesprochen scharf wurde. So scharf, dass mir der Schweiß auf der Stirn stand – und auf den Augenlidern! Das sah wohl so aus, als ob ich Tränen in den Augen hätte. ›Macht dich das sentimental?‹, fragte Andrea. Tatsache ist jedoch, dass ich immer ›Schweißaugen‹ bei scharfem Essen bekomme …* «« *– Vincent Witte –*

ROTE CURRYPASTE

Zubereitungszeit: 20 Minuten
Für ein Glas mit Drehverschluss (Fassungsvermögen etwa 500 ml)

5 cm frische Ingwerwurzel
etwa 3 cm Kurkuma (Gelbwurzel oder Gelber Ingwer; aus dem Asienladen)
3 cm Galanga (Galgant- oder Laoswurzel; aus dem Asienladen)
4 Schalotten
5–10 große Chilischoten, sorgfältig entkernt
6 Knoblauchzehen, geschält
1 EL Kumin (Kreuzkümmel), ganz
2 EL Fischsauce (aus dem Asienladen)
1 TL Garnelenpaste (aus dem Asienladen)
1 EL brauner Rohrzucker
½ TL Salz
½ TL Pfeffer aus der Mühle
1 Handvoll frischer Koriander
1 Handvoll frisches Thai-Basilikum (aus dem Asienladen)
1 Stängel Zitronengras (aus dem Asienladen), in Stücke geschnitten
5 Kaffir-Limettenblätter (aus dem Asienladen)

Grüne Currypaste ist am schärfsten, rote etwas weniger scharf, gelbe Currypaste eher mild!

Alle Zutaten außer den Gewürzen, dem Zitronengras und den Kaffir-Limettenblättern kleinschneiden. Zusammen mit den Gewürzen in einer Küchenmaschine oder mit einem Pürierstab zu einer dicken Paste pürieren.

Die Currypaste in das Glas abfüllen. Das Zitronengras und die Limettenblätter in die Paste stecken, das Glas fest verschließen und im Kühlschrank aufbewahren.

Merel op kom (Amsel auf Schale) – Mischtechnik auf Holz – 40 x 40 cm

Andrea Letterie

»» *Einen Teil meiner Jugend habe ich mit meinen Eltern in Thailand verbracht. Das ist ein wunderbares Land mit einer besonderen Küche. Doch in einem Alter, in dem man am liebsten Fastfood bekannter Ketten zu sich nimmt, bekam ich den (fast) alltäglichen Reis allmählich ziemlich über. Ich bekam ihn sogar so sehr über, dass ich schon beim Betreten des Hauses, wenn es nach Duftreis roch, rief: ›Igitt, immer dieser eklige Reis!‹ Die Zeiten haben sich geändert. Wenn mir heute das Aroma von Pandanreis in die Nase steigt, genieße ich es, bin wieder für kurze Zeit 15 Jahre alt und schwelge in meinen Erinnerungen an Thailand.* «« *– Vincent Witte –*

KARTOFFEL-LÖWENZAHN-SALAT

Für 4 Personen – Zubereitungszeit: 15 Minuten plus Zeit für das Pflücken der Löwenzahnblätter

750 g festkochende Kartoffeln
200 g junge, zarte Löwenzahnblätter,
  selbst gepflückt oder frisch vom Wochenmarkt
1 Knoblauchzehe, gepresst
1 rote Zwiebel, sehr fein gehackt
2 EL Apfelessig
2 EL Kürbiskernöl

Einfach köstlich mit frischem Brot und Löwenzahnsirup!

Die Kartoffeln schälen, in Salzwasser kochen und in Würfelchen schneiden. Den Löwenzahn waschen, mit einem sauberen Geschirrtuch trockentupfen und in feine Streifen schneiden oder zerpflücken. Kartoffelwürfel und Löwenzahn in eine Salatschüssel geben.

Aus Knoblauch, Zwiebel, Essig sowie Öl ein Salatdressing anrühren und über den Salat geben. Durchmischen und einige Minuten durchziehen lassen. Lauwarm servieren.

Tipp: Der perfekte Frühlingssalat! Wilder Löwenzahn schmeckt würzig-bitter und etwas nussig. Er wächst ab Mitte April auf Wiesen und an Wegrainen. Gesammelt werden sollten die jungen Löwenzahnblätter möglichst auf einer ungedüngten Wiese abseits von befahrenen Straßen.

Sla der Mollen (Löwenzahnsalat) – Linoldruck – 20 x 20 cm

Els Maasson

Ab und zu bekomme ich einen Anfall von Häuslichkeit. Dann koche ich Schmorfleisch, weil das bedeutet, dass ich das Haus einen ganzen Tag nicht verlassen muss. Während ich Arbeiten im Haus erledige, köcheln die Fleischstücke in einem großen Topf auf dem Herd vor sich hin. Ich schlendere immer wieder einmal am Topf vorbei, lüfte kurz den Deckel, werfe dem Schmorfleisch ein Lächeln zu und gebe noch ein wenig Zucker hinzu. Wenn das Fleisch fertig ist, sind alle meine Lieben zum Essen eingeladen. Nein, das Fleisch wird nicht mit Kartoffeln und Gemüse serviert, sondern mit Nudeln, wie bei den Italienern. Und dazu passt dieser herzhafte Kartoffel-Löwenzahn-Salat ausgezeichnet. Sitzen wir gemeinsam am Tisch und genießen das Schmorfleisch mit Nudeln, bin ich überglücklich: ›So muss sich eine italienische Mama fühlen‹, denke ich mir dann. – Els Maasson –

Jakobsmuscheln mit Steinpilzen und Haselnussbutter

Für 4 Personen – Zubereitungszeit: 30 Minuten

500 g festkochende Kartoffeln, geschält
1 Prise Salz
350 g frische Steinpilze und/oder frische gemischte Pilze, gesäubert und geputzt
40 g Butter
6 EL Haselnüsse, grob gehackt
12 frische Jakobsmuscheln
Salz & Pfeffer aus der Mühle
1 Bund Schnittlauch, in Röllchen geschnitten, zum Garnieren

Von allem etwas weniger, und daraus wird eine delikate Vorspeise!

Außerdem: Olivenöl zum Anbraten

Die Kartoffeln in Salzwasser kochen und in Scheiben schneiden. Die Pilze klein schneiden und in einer Pfanne in Öl braten. Die Butter in einem Topf zerlassen und die Haselnüsse darin rösten, bis sie schön goldbraun sind. Die Jakobsmuscheln unter kaltem Wasser abspülen und mit Küchenpapier abtupfen. Salzen, pfeffern und in einer Pfanne in Öl rundum scharf braten.

Auf jeden Teller ein paar Kartoffelscheiben schichten und diese mit Pilzen bedecken. Jeweils 3 Muscheln darauflegen. Mit Haselnussbutter beträufeln und mit Schnittlauch garnieren.

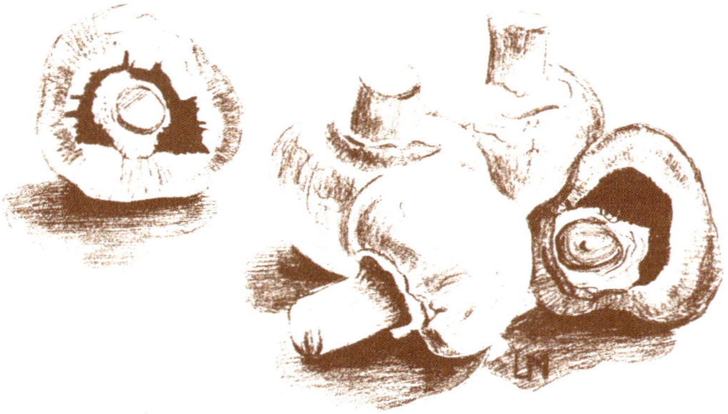

Eekhoorn (Eichhörnchen) – Acryl und Kreide auf Holz – 36 x 28 x 5,5 cm

Liesbet Milort

LAUCHTARTE MIT HONIG UND CURRY

Für 4 Personen – Zubereitungszeit: 15 Minuten; Backzeit: 10 bis 15 Minuten
Für eine hitzebeständige Form, am besten eine gusseiserne Pfanne oder eine Tarte-Tatin-Pfanne

60 g Butter
3 EL Blütenhonig
4 große Lauchstangen, in dünne Ringe geschnitten
Salz & Pfeffer aus der Mühle
1 TL Curry
4–5 Scheiben Blätterteig (aus dem Kühlfach)

Den Backofen auf 180 °C (Umluft 160 °C) vorheizen.

Eine Pfanne mittelstark erhitzen. Die Butter und den Honig darin etwa 5 Minuten köcheln lassen.

Die Lauchringe in die Butter-Honig-Mischung geben und das Ganze etwa 10 Minuten bei geringer Hitze sirupartig einkochen. Salz, Pfeffer sowie Curry über den Lauch geben, aber nicht untermischen. Sobald der Lauch anfängt zu karamellisieren, Pfanne vom Herd nehmen.

Den Blätterteig ausrollen, bis er etwas größer als der Durchmesser der Pfanne ist. Teig auf den Lauch legen, rundherum festdrücken und die Teigoberfläche mit einer Gabel mehrmals einstechen.

Die Pfanne in den Backofen stellen und die Tarte in 10 bis 15 Minuten goldbraun backen. Pfanne herausnehmen und die Tarte auf einen Servierteller stürzen. Warm servieren.

Tipp: Dazu passen ein gemischter Salat und ein Gläschen Weißwein.

Dol op honing (Erpicht auf Honig) – Mischtechnik auf Holz – 70 x 100 x 5,5 cm

Liesbet Milort

Lantaarn 2 (Laterne 2) – Acryl auf Holz – 80 x 60 x 5,5 cm

Liesbet Milort

BIG-MOVE-TEMPURA (GEMÜSE IN JAPANISCHEM AUSBACKTEIG) VON MARIJN

Für 4 Personen – Zubereitungszeit: 20 Minuten
Für eine Fritteuse oder einen Wok

Für den Tempura-Teig:
200 g Mehl (Type 405)
200 ml eisgekühltes Mineralwasser mit Kohlensäure
verschiedene Gemüse (z. B. Auberginen, Blumenkohl, grüne Bohnen, Brokkoli, Champignons, Fenchel, Gemüsezwiebeln, Karotten, Knoblauch, Kürbis, Paprika, Süßkartoffeln, Spargel, Sellerie, Zucchini), geputzt und gewaschen
1 l Soja-, Erdnuss- oder Arachideöl zum Frittieren
1 Handvoll frischer Koriander zum Garnieren

Für den Dip:
3 cm frische Ingwerwurzel, fein gerieben
1 TL Sesamsamen
5 EL Sojasauce

Auch mit Garnelen oder Fisch ein Genuss!

Für den Teig das Mehl und das Mineralwasser mit einem Schneebesen zu einem flüssigen Teig verquirlen. Das Gemüse putzen, waschen und in mundgerechte Stücke schneiden.

Eine Fritteuse oder einen Wok vorheizen.

Das Öl in der Fritteuse oder dem Wok erhitzen. Die Gemüsestücke langsam durch den Teig ziehen, bis sie rundum von Teig überzogen sind. Anschließend in das heiße Frittieröl gleiten lassen und 2 bis 3 Minuten frittieren, bis die Teighülle goldbraun ist. Mit einem Schaumlöffel aus dem Öl heben und auf Küchenpapier gut abtropfen lassen.

Für den Dip den Ingwer und die Sesamsamen mit der Sojasauce und 1 EL Wasser vermengen. Das Gemüse im Teigmantel mit Koriander garnieren und mit dem Dip servieren.

Wichtig: Den Tempura-Teig erst kurz vor dem Frittieren herstellen, damit der Teigmantel schön locker und knusprig wird!

Japanse kom (Japanische Schale) – Mischtechnik auf Leinwand – 30 x 30 x 4 cm

Maria de Groot

ZITRONEN-MANDEL-GEBÄCK

Für 12 Kekse – Zubereitungszeit: 15 Minuten; Kühlzeit: 40 Minuten; Backzeit: 10 Minuten

300 g Marzipanmasse
1 Ei (Größe M)
100 g Mehl, mit 1 TL Backpulver vermischt
1 EL abgeriebene Schale von 1 unbehandelten Zitronen
1 EL Zitronensaft
3 EL grobkörniger Zucker
geröstete Walnüsse oder Pekannüsse nach Belieben

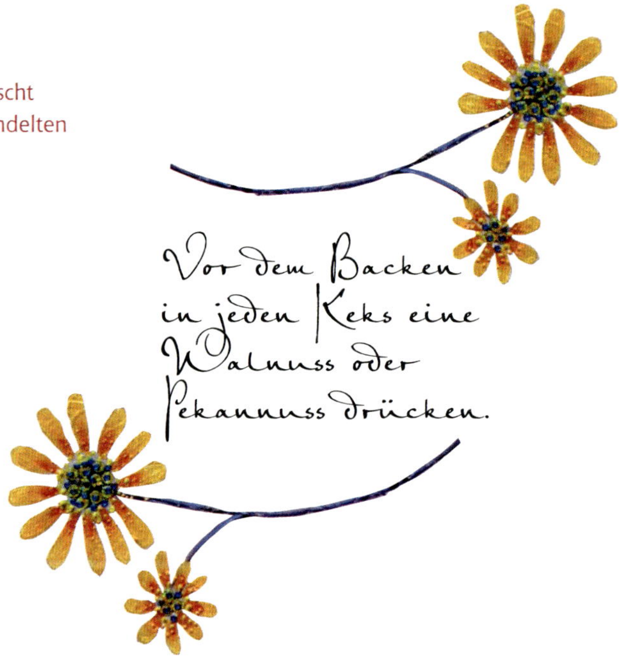

Die Marzipanmasse kleinschneiden, das Ei trennen und beiseitestellen. Marzipan, Eigelb, Mehl und Zitronenschale in eine Schüssel geben und vermengen. Den Zitronensaft und etwas Wasser hinzufügen, damit ein geschmeidiger Teig entsteht.

Den Backofen auf 200 °C (Umluft 180 °C) vorheizen.

Aus dem Teig eine oder zwei Rollen von etwa 3,5 cm Durchmesser formen. Teigrolle(n) mit Eiweiß bestreichen, in Zucker wälzen, und etwa 40 Minuten in den Kühlschrank legen.

Rolle(n) in Scheiben schneiden, evtl. noch einmal in Zucker wälzen und im Backofen etwa 10 Minuten backen.

Thee met citroen (Tee mit Zitrone) – Mischtechnik auf Leinwand – 80 x 80 cm

Maria de Groot

COUSCOUS-SALAT À LA OLAF UND CHRISTEL

Für 4 Personen – Zubereitungszeit: 30 Minuten; Einweichzeit für das Trockenobst: 1 Stunde

1 Handvoll Rosinen
1 Handvoll Trockenpflaumen
1 Handvoll getrocknete Aprikosen
2 rote Zwiebeln, in dünne Ringe geschnitten
2 Knoblauchzehen, grob gehackt
Olivenöl (extra vergine) zum Anbraten
2 Fenchelknollen, grob geschnitten
1 Aubergine, klein geschnitten
Salz & Pfeffer aus der Mühle
Ras el Hanout (Kräutermischung für Couscous)
8–12 Merguezwürstchen (tunesische Grillwürste) oder fertige Falafel-Bällchen (aus dem Bioladen)
500 g Couscous
1 Handvoll Walnüsse oder Pinienkerne
150 g Ziegenweichkäse, gewürfelt
Saft von 1 Zitrone

Rosinen, Pflaumen sowie Aprikosen etwa 1 Stunde in lauwarmem Wasser einweichen, danach gut abtropfen lassen und kleinschneiden.

In der Zwischenzeit Zwiebeln und Knoblauch in einer Pfanne in Öl anbraten, bis sie weich und glasig sind. Fenchel und Aubergine hinzufügen und mit Salz, Pfeffer und Ras el Hanout würzen. Das Ganze ein paar Minuten anbraten.

In einer zweiten Pfanne die Merguezwürstchen oder Falafelbällchen in etwas Öl braten.

Den Couscous in eine große Schüssel geben, 500 ml kochendes Wasser darübergießen. Couscous quellen lassen, mit einer Gabel auflockern.

Trockenobst, Fenchel-Auberginen-Mischung, Walnüsse oder Pinienkerne sowie den Käse unter den Couscous mengen. Großzügig mit Zitronensaft beträufeln. Mit Salz und Pfeffer abschmecken und etwas Öl untermischen. Warm oder kalt servieren und dazu die Merguezwürstchen oder Falafelbällchen reichen.

Tipp: Der Couscous-Salat schmeckt auch wunderbar zu gegrilltem Gemüse, Oliven oder frischen Feigen.

Hamam (Dampfbad) – Öl auf Leinwand (glanzbeschichtet) – 30 x 25 cm

Mascha Kragten

DORADA A LA SAL (DORADE IM SALZMANTEL) VON JAVIER

Für 2 bis 4 Personen – Zubereitungszeit: 10 Minuten; Garzeit: 35 Minuten
Für eine Auflaufform oder ein mit Backpapier ausgelegtes Backblech

2 kg grobes Meersalz
1 Eigelb
abgeriebene Schale von 1 unbehandelten Zitrone
etwa 750 g Dorade (1 großer oder
2 kleine Fische)
Salz & Pfeffer aus der Mühle
frische Kräuter (z. B. Basilikum, Dill, Petersilie,
Rosmarin), fein gehackt

Mit Salat und einem Pinot grigio servieren!

Das Salz mit dem Eigelb und der Zitronenschale vermengen und mit etwas Wasser zu einer geschmeidigen Paste verarbeiten. Den Fisch abspülen, innen und außen mit Salz und Pfeffer würzen und mit den Kräutern füllen.

Den Backofen auf 200 °C (Umluft 180 °C) vorheizen.

Ein Drittel der Salzmasse in eine Auflaufform oder auf das Backblech geben und die Dorade(n) darauflegen. Den Fisch mit dem restlichen Salz rundum bedecken und im Ofen auf der mittleren Schiene etwa 35 Minuten garen. Herausnehmen und die Salzkruste vor dem Servieren entfernen.

»» Einmal schlugen Lars und ich unser Zelt in Spanien auf einem Campingplatz auf. Wir hatten den letzten Stellplatz ergattert. Doch wie in einer Slapstick-Szene kam noch ein Auto mit spanischem Kennzeichen neben unserem Zelt zum Stehen. Aus den Autolautsprechern dröhnte Flamenco von Camarón. Der Spanier begann in Windeseile sein Zelt einen knappen halben Meter neben unserem Eingang aufzuschlagen. Es passte gerade noch dorthin. Aus dem Kofferraum zog er eine Doppelmatratze, die er ins Zelt quetschte. Dann sprang er in sein Auto – und weg war er … ein paar Stunden später parkte er sein Auto wieder neben unserem Zelt. Diesmal zog er eine große deutsche Blondine heraus. Aber bevor die beiden ins Zelt kriechen konnten, kamen sie unvermeidlich an uns vorbei und die Deutsche fragte frei heraus, ob sie am nächsten Morgen unseren Kocher benutzen dürfe. ›Klar, kein Problem, aber nur unter der Bedingung, dass dein spanischer Freund für uns kocht‹, schränkten wir ein. Nach diesem Urlaub hat Javier noch oft für uns gekocht – auch auf unserer Hochzeit auf Ibiza und zu Hause in Amsterdam. Dies ist mein Lieblingsrezept von ihm. «« – Mascha Kragten –

Lekker visje (Leckeres Kerlchen) – Öl auf Leinwand – 45 x 30 cm

Mascha Kragten

ERDBEERTARTE MIT SAHNEQUARK

Für 8 Personen – Zubereitungszeit: 15 Minuten; Backzeit: 1 Stunde
Für eine Springform (20 cm ø)

Für die Erdbeertarte:
175 g gemahlene Mandeln
175 g weiche Butter
6–8 EL brauner Rohrzucker
175 g Mehl (Type 550), mit 2 TL Backpulver vermischt
1 TL Ceylon-Zimtpulver
1 EL Lebkuchengewürz
1 Ei (Größe M)
1 Eigelb
500 g frische Erdbeeren, geputzt und klein geschnitten
1 schöne, große Erdbeere mit Grün zum Garnieren

Für den Quark:
125 g Sahne
etwas Zucker
125 g Magerquark
Puderzucker zum Bestäuben

Außerdem:
Fett für die Form
1 EL Mehl zum Bestäuben der Form und der Arbeitsfläche

Den Backofen auf 180 °C (Umluft 160 °C) vorheizen.

Für die Tarte in einer Schüssel Mandeln, Butter, Zucker, Mehl, Zimt, Lebkuchengewürz, das Ei sowie das Eigelb zu einem Teig verarbeiten.

Eine Springform fetten und leicht mit Mehl ausstäuben. Den Teig ausrollen. Mit der Hälfte des Teigs den Boden der Form auslegen und die Erdbeeren darauflegen. Den restlichen Teig über die Erdbeeren legen. Die Tarte im Backofen etwa 1 Stunde backen und im Ofen abkühlen lassen.

Für den Quark die Sahne zusammen mit etwas Zucker halb steifschlagen, den Quark unterziehen. Die Tarte mit Puderzucker bestäuben und mit der Erdbeere garnieren. Den Sahnequark dazu reichen.

Tipp: Falls die Tarte im Backofen zu schnell braun wird, die Springform mit Aluminiumfolie abdecken.

AARDBEIEN (ERDBEEREN) – ÖL AUF LEINWAND – 18 X 24 CM

Annet van den Ende

Jedes Mal, wenn ich diese köstliche Erdbeertarte esse, fühle ich mich für einen Moment lang nach Schottland versetzt, wo eine Freundin einmal für mich eine Erdbeertarte gebacken hat. Dieses Rezept nahm ich damals mit nach Hause und backe die Tarte seither oft als Nachspeise, besonders in der Erdbeerzeit. – Annet van den Ende –

GRAVAD LAX (GEBEIZTER LACHS) VON OTTE

Für 8 bis 12 Personen – Zubereitungszeit: 15 Minuten; Marinierzeit: 24 Stunden

Für die Beize:
2 Lachsfilets mit Haut (à 1 kg), sorgfältig entgrätet
2 EL Salz
2 EL Zucker
½ EL weißer Pfeffer, frisch gemahlen
3 Bund frischer Dill, fein gehackt

Für die Senfsauce:
2 EL scharfer Senf
4 EL Zucker
4 EL Essig
125 ml Olivenöl

Für die Beize Salz, Zucker und Pfeffer vermengen. Den Boden einer Auflaufform mit Dill bestreuen. Eine Lachshälfte mit der Hautseite nach unten darauflegen. Die Filetoberseite mit einem Drittel der Gewürzmischung bedecken und mit Dill bestreuen.

Die Oberseite des zweiten Filets mit der Gewürzmischung einreiben. Mit der Hautseite nach oben auf das erste Filet legen. Übrige Gewürzmischung und restlichen Dill darauf verteilen.

Den Fisch in der Auflaufform mit einem Schneidbrett abdecken und einen Stein oder einem 2,5 kg schweren Gegenstand auf das Brett legen. Den Lachs für 24 Stunden in den Kühlschrank legen. Nach etwa 12 Stunden die Filetstücke in der Form wenden.

Für die Senfsauce Senf, Zucker, Essig und Öl gut miteinander verrühren.

Den Lachs mit einem scharfen Filetiermesser in dünne Scheiben schneiden. Zusammen mit der Senfsauce und knusprigem Baguette servieren.

Vacuum (Vakuum) – Mischtechnik auf Holz – 20 x 20 cm

Kai Savelsberg

»» *Mit diesem Lachsgericht eröffnen wir traditionellerweise in unserer Familie jedes Jahr das Weihnachtsessen. Dazu gibt es einen leichten, trockenen Weißwein. Der gebeizte Lachs ist stets ein gelungenes Entrée für das Festessen!* «« – Otte van Apeldoorn –

MARINIERTES RINDFLEISCH NACH MONSCHAUER ART

Für 4 Personen – Zubereitungszeit: 15 Minuten; Marinierzeit: 8 Tage; Schmorzeit: 2 Stunden

Für die Marinade:
250 ml Essig
1 TL Salz
1 EL Zucker
1 Karotte, klein geschnitten
2 Zwiebeln, in feinen Ringen
2 Nelken
1 EL schwarze Pfefferkörner
1 EL Wacholderbeeren
1 Lorbeerblatt
1 Pimentkorn
1 EL Senfsaat

Für das Fleisch:
1 kg Schmorbraten oder Rindfleisch, in Stücke geschnitten
80 g Butter zum Anbraten

Für die Sauce:
125 g Rosinen, in warmem Wasser eingeweicht
2 Scheiben Aachener Printen oder Spekulatius, fein zerkrümelt
250 g Sauerrahm
2 EL Moutarde de Montjoie – Altdeutsche Art (Senfspezialität aus Monschau in der Eifel) oder ein milder, süßlicher Senf
Salz & Pfeffer aus der Mühle

Alle Zutaten für die Marinade zusammen mit 500 ml Wasser in einem Topf zum Kochen bringen. Etwa 10 Minuten köcheln, dann abkühlen lassen. In eine Steingut- oder Porzellanschüssel gießen.

Das Fleisch in die Marinade einlegen und 8 Tage lang in den Kühlschrank stellen. Dabei ab und zu wenden. Herausnehmen und mit Küchenpapier trockentupfen. Danach in einer Pfanne in Butter scharf anbraten und etwa 2 Stunden schmoren lassen.

Für die Sauce die Rosinen gut abtropfen lassen und zusammen mit den Printen oder Spekulatius, dem Sauerrahm sowie dem Senf in den letzten 15 Minuten der Schmorzeit zum Fleisch geben. Mit Salz und Pfeffer würzig abschmecken und heiß servieren.

Tipp: Dazu passt ein selbst gemachtes Kartoffelpüree.

Das Gestern – Mischtechnik auf Holz – 60 x 41 cm

Kai Savelsberg

MUTTERS WILDKANINCHENREZEPT

Für 4 Personen – Zubereitungszeit: 35 Minuten; Marinierzeit: 24 Stunden; Schmorzeit: 2 Stunden

Für die Marinade:
300 ml Rosé- oder Rotwein
220 ml Rotweinessig
100 ml Cognac
1 EL Wacholderbeeren
½ EL Nelkenpulver
4 Lorbeerblätter
2 rote Zwiebeln, in feine Ringe geschnitten
1 Zweig frischer Rosmarin
1 Zweig frischer Thymian
1 Kaninchen, küchenfertig zerlegt, oder 4 Kaninchenschenkel
Salz & Pfeffer aus der Mühle

Für das Püree:
1 kg mehligkochende Kartoffeln, geschält
500 g Kastanien, gekocht und fein gehackt
3 gekochte und geschälte Kastanien zum Garnieren
100 g Sahne
2 EL Butter

Für den Rosenkohl:
500 g Rosenkohl, geputzt
1 Prise Muskatnuss, frisch gerieben

Außerdem:
Butter zum Anbraten
2 Stängel krause Petersilie zum Garnieren

Zutaten für die Marinade in einer Schüssel mit 500 ml Wasser vermengen. Das Kaninchenfleisch darin einlegen und etwa 24 Stunden marinieren lassen. Herausnehmen, trockentupfen. Mit Salz und Pfeffer einreiben.

Das Fleisch in einer Pfanne in Butter rundum scharf anbraten. Mit etwas Marinade samt Zwiebelringen ablöschen und zugedeckt etwa 2 Stunden bei geringer Hitze schmoren lassen.

Für das Kartoffel-Kastanien-Püree die Kartoffeln garen. Mit Kastanien, Sahne und Butter pürieren. Mit Salz und Pfeffer würzen.

Den Rosenkohl 5 bis 10 Minuten in Salzwasser kochen, mit Pfeffer würzen und mit Muskat verfeinern. Alles anrichten und mit den ganzen Kastanien sowie mit Petersilie garnieren.

Tipp: Das Püree mit einem Spritzbeutel auf den Teller geben und den Rosenkohl darauf anrichten.

SPRING IN 'T VELD (SPRINGINSFELD) – RAKU-KERAMIK – 50 CM

Marijke Janssen

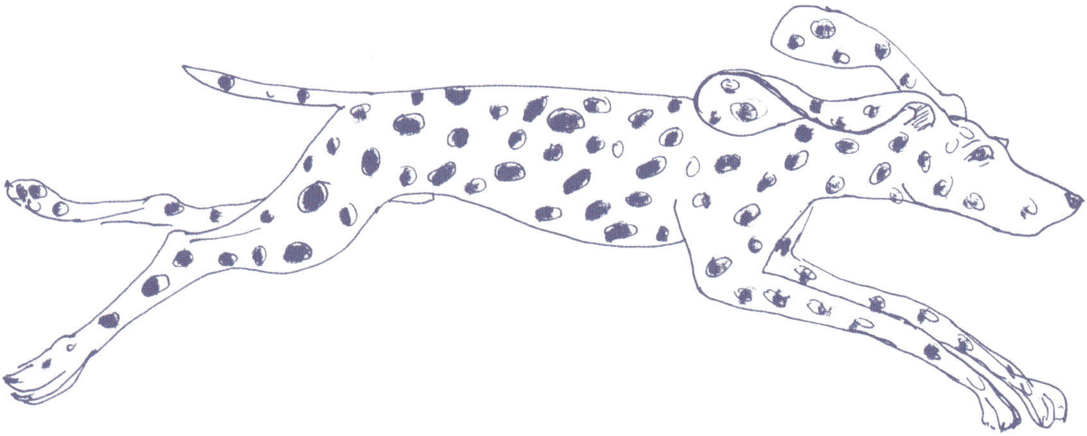

»» Ich bin in Limburg aufgewachsen, und mein Vater war Jäger. Im Garten hinter unserem Haus trainierte er seine Jagdhunde und zog mit einem Kaninchenfell eine Spur, damit die Hunde Fährte aufnehmen konnten. Auch das Apportieren mussten die Hunde lernen. Als ich neun Jahre alt war, stand ich einmal in der Küchentür und schaute von dort aus beim Hundetraining zu. Von da an war es mein größter Wunsch, einmal bei einer echten Jagd dabei zu sein! Nachdem ich lange genug gequengelt hatte, durfte ich endlich an einem Samstag im November mit meinem Vater zum Jagen. Zusammen mit unserem Hund Snappie fuhren wir auf dem Rad zum Wald. Es war kalt an diesem Morgen. Der Hund machte sich gleich an die Arbeit: Wir sahen nur noch seine weiße Schwanzspitze, die ab und zu im Gebüsch auftauchte. Als ich Snappie hinterherlaufen wollte, wies mich mein Vater streng zurecht: ›Nicht bewegen – und keinen Ton mehr, pssst … pssst.‹ So standen wir lange stocksteif im Wald herum, und ich traute mich dabei kaum, zu atmen. Irgendwann war ich bis auf die Knochen durchgefroren und wollte sofort nach Hause. An diesem Tag wurde nichts erlegt, und die Jagdbegleitung habe ich ab diesem Zeitpunkt meinen Brüdern überlassen. «« – Marijke Janssen –

LISTENING (LAUSCHEN) – TONPAPIER UND KUNSTSTOFF – 60 CM

Marijke Janssen

DESSERT MIT ERDBEEREN

Für 4 Personen – Zubereitungszeit: 10 Minuten

4 Stücke Rührkuchen aus der Kastenform
(Rezept siehe Seite 130)
2–3 EL Cognac oder Amaretto
500 g frische Erdbeeren, geputzt und geviertelt
500 g Quarkzubereitung mit Vanillegeschmack
(aus dem Kühlregal) oder Vanillepudding
250 g Sahne, geschlagen
4 frische, schöne Erdbeeren zum Garnieren
2 EL frische Minzeblättchen zum Garnieren

Den Rührkuchen in Würfelchen schneiden, auf 4 Schälchen oder Gläser verteilen und jeweils mit einem Schuss Cognac oder Amaretto tränken.

Die Erdbeeren über den Kuchenstückchen verteilen. Den Vanillequark oder den -pudding auf die Erdbeeren geben und zum Schluss Schlagsahne daraufsetzen. Mit je 1 Erdbeere und den Minzeblättchen garnieren.

Tipps:

- Das gibt eine erfrischende Note: Etwas abgeriebene Schale von 1 unbehandelten Zitrone unter die Schlagsahne ziehen.
- Statt mit Erdbeeren schmeckt das Dessert auch wunderbar mit Himbeeren, Johannisbeeren, Kirschen, Pflaumen, Mango oder Aprikosen.
- Das Dessert ist schnell und unkompliziert zubereitet und ideal für Gartenparty oder Picknick.

AARDBEIEN MET CHAMPAGNE (ERDBEEREN MIT CHAMPAGNER) – MISCHTECHNIK AUF LEINWAND – 120 X 80 CM

Marie Godest

Champagne
Année 2008
MG

DATTELTARTE VON »ZUIVERE KOFFIE« AUS AMSTERDAM

8 bis 12 Stücke – Zubereitungszeit: 30 Minuten; Kühlzeit: mindestens 3 Stunden
Für eine Springform (24 cm ø)

250 g Butter
50 g brauner Zucker
1 schaumig geschlagenes Ei
3 EL Ahornsirup
500 g getrocknete Datteln, entsteint
200 g Butterkekse, grob zerbröselt
1–2 Handvoll Walnüsse, grob gehackt
Kokosraspel zum Garnieren

Außerdem: Fett für die Form

Die Butter in einem Topf bei geringer Hitze zerlassen. Den Zucker in die Butter rühren, das Ei zugeben und verquirlen. Den Sirup untermischen und das Ganze etwa 1 Minute sieden lassen.

Die Datteln in feine Streifen schneiden und unter die Mischung mengen. Weitere 3 Minuten sieden lassen.

Die Keksstücke und die Nüsse hinzugeben, gut umrühren und noch einmal etwa 1 Minute sieden lassen.

Den Teig in eine gefettete Form füllen, glattstreichen und mindestens 3 Stunden in den Kühlschrank stellen. Die Datteltarte mit Kokosraspeln bestreut servieren.

Ein Dankeschön an »Zuivere Koffie«: Das Rezept stammt aus dem Café »Zuivere Koffie« in der Utrechtsestraat 39 in Amsterdam. Außer dieser köstlichen Datteltarte werden dort leckere belegte Brötchen, Quiches, frische Säfte und wunderbarer Kaffee serviert.

LA SONGEUSE (DIE TRÄUMERIN) – MISCHTECHNIK AUF LEINWAND – 100 X 80 CM

Marie Godest

WEIHNACHTSBIRNEN IN ENGLISCHER CRÈME VON HANS

Für 4 Personen – Zubereitungszeit: 1 Stunde; Kühlzeit: 1 Stunde

Für die Birnen:
2 große, reife Birnen
500 ml Rotwein oder Portwein
250 g Zucker
1 Ceylon-Zimtstange
Saft und Schale von 3 unbehandelten Orangen

Für das Nussmus:
75 g Walnüsse, grob gehackt
75 g Pinienkerne
150 g Zucker
1 Ei (Größe M)

Für die Englische Crème:
5 Eigelbe
100 g Zucker
300 g Sahne

Das Nussmus schmeckt am besten, wenn Sie es einen Tag vorher zubereiten.

Birnen schälen, halbieren und das Kerngehäuse entfernen. Gemeinsam mit Wein oder Portwein, Zucker, Zimt, Orangensaft sowie -schale in einen Topf geben und etwa 20 Minuten köcheln lassen. Birnen aus dem Weinsud nehmen und in eine Schüssel legen. Sud zu einem dünnen Sirup einkochen, über die Birnen gießen und diese 1 Stunde abkühlen lassen.

Für das Nussmus die Nüsse, Pinienkerne, Zucker und das Ei in einer Küchenmaschine zu einer Paste verarbeiten und kühl stellen.

Für die Englische Crème Eigelbe und Zucker in einer Schüssel verquirlen. Sahne zugeben und die Mischung 15 Minuten im heißen Wasserbad verrühren, bis eine cremige Masse entsteht. Abkühlen lassen und dabei ab und zu umrühren. Damit sich keine Haut auf der Crème bildet, die Schüssel mit Frischhaltefolie abdecken.

À LA CUISINE (NACH ART DER KÜCHE) – MISCHTECHNIK AUF LEINWAND – 165 X 125 CM

Marie Godest

Meine kulinarischen Wurzeln liegen in Spanien und Portugal. Dieses zauberhafte Rezept ist von den ›Birnen in Rotwein‹ inspiriert – ein Dessert, das gern und oft in Spanien serviert wird. Auf dem Weg nach Norden hat sich bei der Zubereitung mit der Crème noch ein Hauch französischer Küche eingeschlichen. *– Hans Knapper, Restaurant ›Quinto‹ in Amsterdam –*

PUDDING FÜR DEN DIEB (RUSSISCHE CHARLOTTE) VON MEINER MUTTER

Für 8 Personen – Zubereitungszeit: 20 Minuten; Kühlzeit: mindestens 4 Stunden
Für eine Charlottenform (Fassungsvermögen 2 l) oder eine Springform (24 cm ø)

400 g Löffelbiskuits
8 Blatt Gelatine
4 Eiweiß
100 g Zucker
500 g Sahne
100 ml Kirschlikör (Marasquin)
oder Orangenlikör (Cointreau)

Außerdem:
Fett für die Form

Den Pudding auf einen hübschen Teller stürzen und ein Geschenkband umbinden!

Eine gefettete Charlotten- oder Springform mit den Biskuits auskleiden, dabei die gezuckerte Seite zur Formwand setzen (evtl. die Biskuits so zuschneiden, dass sie eng nebeneinander stehen).

Die Gelatine einige Minuten in kaltem Wasser einweichen.

Eiweiß zusammen mit 1 TL Zucker steif schlagen. Sahne ebenfalls steif schlagen. Gelatine ausdrücken und zusammen mit dem restlichem Zucker in 50 ml erwärmtem Likör auflösen. Diese Mischung in dünnem Strahl unter ständigem Schlagen in die Sahne rühren.

Restlichen Likör und Eischnee unterziehen. Die Masse vorsichtig in die Form gießen und den Pudding für mindestens 4 Stunden in den Kühlschrank stellen. Danach auf einen Teller stürzen.

Tipp: Zu diesem Pudding in der Charlottenform schmeckt eine rote Beerensauce (siehe Rezept auf Seite 28) ganz ausgezeichnet.

Charlotte Russe (Russische Charlotte) – Öl auf Leinwand – 25 x 25 cm

Annet van den Ende

»» *Meine Mutter war berühmt für ihre köstlichen Torten und Desserts. Am Weihnachtsabend 1958 ließ sich in unserem Keller ein Einbrecher einschließen. Am nächsten Tag stellte die Polizei fest, dass der Dieb nicht nur Mutters Schmuck gestohlen, sondern sich auch im Keller am Wein und an Mutters hervorragendem Weihnachtspudding gütlich getan hatte. Seit diesem Tag heißt der Pudding meiner Mutter – eine russische Charlotte – bei uns ›Pudding für den Dieb‹.* «« *– Ruby van Essen –*

HIMBEERTÖRTCHEN

Für 12 Törtchen – Zubereitungszeit: 25 Minuten; Gefrierzeit: 2 Stunden; Backzeit: 15 Minuten
Für eine Tarteform oder 12 Muffinförmchen

Für den Teig:
300 g Mehl
100 g feiner, weißer Rohrzucker (aus dem Reformhaus)
1 Prise Salz
200 g kalte Butter, in kleinen Stücken
3–4 EL Kaffeelikör (Tía María) oder Zitronenlikör (Limoncello)

Für den Belag:
200 g Doppelrahmfrischkäse oder Mascarpone
50 g Zucker
abgeriebene Schale von 1 unbehandelten Zitrone
3 EL Zitronensaft
300 g frische Himbeeren oder Erdbeeren, Maracuja oder Mango, gewaschen, geputzt und klein geschnitten
250 g Sahne
ganze Beeren oder Obststücke zum Garnieren
1 Handvoll frische Minzeblättchen zum Garnieren

Außerdem:
Fett für die Form

Für den Teig Mehl, Zucker, Salz und Butter zu einem geschmeidigen Teig verkneten. Likör zugeben und den Teig zu einer Kugel formen. Tarteform oder Muffinförmchen leicht einfetten und mit dem Teig auslegen. Für 2 Stunden in die Gefriertruhe stellen.

Den Backofen auf 200 °C (Umluft 180 °C) vorheizen.

Den Teig herausnehmen, mit einer Gabel mehrmals einstechen und im Backofen in etwa 15 Minuten goldbraun backen.

Für den Belag Doppelrahmfrischkäse oder Mascarpone mit Zucker, Zitronenschale sowie -saft mischen. Beeren oder Obst mit einer Gabel zerdrücken und untermengen. Sahne steifschlagen und unterziehen. Die Masse auf dem Tarteboden oder in den Muffinförmchen verstreichen. Mit Beeren oder Obststücken sowie Minzeblättchen garnieren.

GESTAPELDE KOMMETJES (GESTAPELTE SCHÄLCHEN) – BUNTSTIFT AUF PAPIER – 14 X 8 CM

Andrea Letterie

FRAMBOZENTAARTJES

± 12 TAARTJES

deeg - 300 gram bloem
100 gr. wittebasterdsuiker
200 gram koude boter · mespunt zout ·
2 eetlepels Tia Maria

Vulling - roomkaas 200 gram
250 ml slagroom
50 gr s
Framb

• Meng bloem, suiker, 20 kleine
stukjes door het mengsel
kneed met je handen tlepels
Tia maria toe! laat a
verwarm oven voor op 200 n
bak in ± 15 min mooi lich

meng roomkaas met suik r.
Houd er een paar achter
klop slagroom stijf, en s
mengsel. Vul de deegbak
framboos en blaadje munt.

RHABARBER-HIMBEER-ZITRONEN-STREUSEL

Für 4 bis 6 Personen – Zubereitungszeit: 10 Minuten; Backzeit: 45 Minuten
Für eine Auflaufform

4 Stangen frischer Rhabarber, geschält und in Stücke geschnitten
250 g frische Himbeeren (oder TK-Beeren)
2–3 EL weißer Zucker
100 g kalte Butter
125 g Mehl
125 g brauner Zucker
abgeriebene Schale von 1 unbehandelten Zitrone

100 g Sahne
3 EL weißer Zucker
4 EL Quark
1 Handvoll frische Minzeblättchen

Außerdem:
Fett für die Form

Frisch aus dem Ofen mit einem Löffel Zitronen-Sahnequark und frischer Minze servieren!

Den Backofen auf 180 °C (Umluft 160 °C) vorheizen.

Rhabarber und Himbeeren in eine gefettete Auflaufform schichten und gleichmäßig mit Zucker bestreuen.

Mit Daumen und Zeigefinger Butter, Mehl, braunen Zucker sowie die Hälfte der Zitronenschale zu groben Teigkrümeln kneten. Die Streusel über das Obst geben und das Ganze im Backofen etwa 45 Minuten backen, bis eine schöne goldbraune Kruste entsteht.

Die Sahne zusammen mit dem Zucker steifschlagen, den Quark und die restliche abgeriebene Zitronenschale unterheben.

Obststreusel aus dem Ofen nehmen. Mit Minzeblättchen garnieren und noch heiß servieren. Sahnequark dazu reichen.

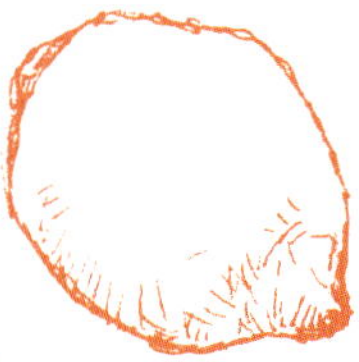

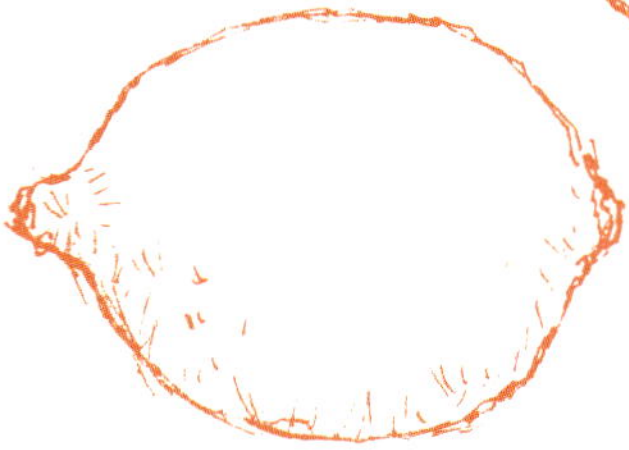

Limoentjes (Zitronen) – Mischtechnik auf Holz – 25 x 32 cm

Andrea Letterie

KÜRBISSUPPE

Für 4 Personen – Zubereitungszeit: 45 bis 50 Minuten

4 EL Olivenöl
2 Zwiebeln, grob gehackt
1 großer Hokkaido-Kürbis, gewaschen, entkernt und in grobe Stücke geschnitten
300 g Karotten, geschält und grob gewürfelt
3 cm frische Ingwerwurzel, geschält und fein gehackt
1 l Hühner- oder Gemüsebrühe
Saft von 2 Orangen
Salz & Pfeffer aus der Mühle
1 TL Ras el Hanout (Kräutermischung für Couscous) oder 2 EL Sweet Chili Sauce (aus dem Asienladen)
frischer Koriander, grob gehackt, zum Garnieren

Eine schöne Schärfe erhält die Suppe, wenn Sie 2 rote, entkernte Chilischoten mitkochen!

In einem großen Topf das Öl erhitzen und die Zwiebeln darin glasig anschwitzen. Kürbis, Karotten und Ingwer zugeben und etwa 2 Minuten unter ständigem Rühren anbraten. Mit der Brühe und dem Orangensaft ablöschen und das Ganze bei mittlerer Hitze 30 Minuten köcheln lassen.

Die Suppe mit einem Stabmixer fein pürieren und mit Salz, Pfeffer sowie Ras el Hanout oder Sweet Chili Sauce abschmecken. Mit Koriander bestreuen und heiß servieren.

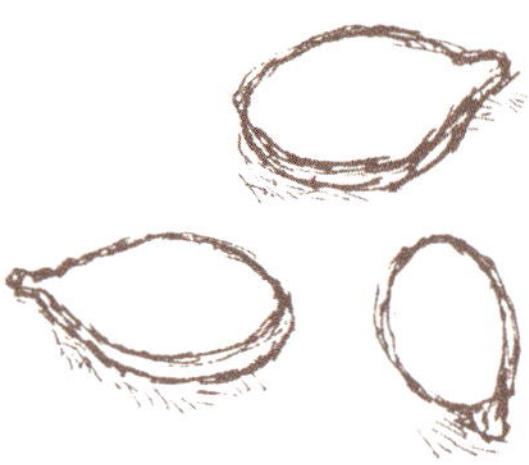

Pompoen (Kürbis) – Mischtechnik auf Holz – 16 x 16 cm

Andrea Letterie

FLAN À LA PARISIENNE (PARISER PUDDING) VON MEINER MUTTER

Für 4 bis 6 Personen – Zubereitungszeit: 10 Minuten; Backzeit: 45 Minuten; Kühlzeit: 3 bis 4 Stunden
Für eine Auflaufform mit hohem Rand

200 g Mehl
100 g Zucker
1 Päckchen Vanillezucker
4 Eier (Größe M)
30 g Butter, zerlassen
1 l lauwarme Milch

Außerdem:
Fett für die Form

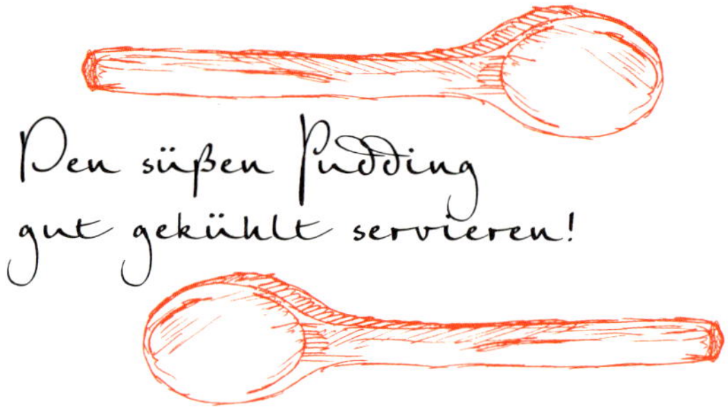

Den Backofen auf 180 °C (160 °C) vorheizen.

Das Mehl in eine große Schüssel geben und in die Mitte eine Mulde drücken. Zuerst Zucker und Vanillezucker, dann Eier und zerlassene Butter in die Mulde geben. Das Ganze gründlich vermengen. Die Milch unter ständigem Schlagen langsam einrühren, bis die Mischung cremig wird.

Eine Auflaufform leicht einfetten. Den Teig in die Form gießen und im Backofen in 45 Minuten goldbraun backen. Nach dem Abkühlen auf eine Platte stürzen. Flan vor dem Servieren für 3 bis 4 Stunden in den Kühlschrank stellen.

GOÛTER SAVOURER (GENIESSEN AUSKOSTEN) – MISCHTECHNIK AUF LEINWAND – 30 x 30 x 4 CM

Claire Duval

»» Bei uns zu Hause gab es stets drei Sorten Selbstgebackenes: Zitronenkuchen, Quarktorte und Flan à la Parisienne. Der Flan stammt, wie der Name vermuten lässt, aus Paris – wie meine Mutter. Und die betonte oft, wie unkompliziert und lecker dieses Rezept doch sei: Eier und Milch hat man meist im Haus – und viel mehr braucht man für diese Süßspeise nicht! «« – Claire Duval –

MIJOTÉ DE BŒUF AUX LÉGUMES (RINDERSCHMORTOPF MIT GEMÜSE)

Für 4 Personen – Zubereitungszeit: 15 Minuten; Schmorzeit: 3 Stunden

50 g Butterschmalz
700 g durchwachsenes Rindfleisch, grob gewürfelt
Salz & Pfeffer aus der Mühle
2 Zwiebeln, grob gehackt
150 g magerer Speck, fein gewürfelt
2 Lorbeerblätter
4–5 Nelken
1 Handvoll frische Thymianblättchen
Dijonsenf
2 EL Weißweinessig
250 ml Gemüsebrühe
1 Stange Lauch, in Stücke geschnitten
1 Fenchelknolle, grob geschnitten
500 g Kartoffeln, grob gewürfelt
1 große Karotte (oder mehrere kleine Karotten), grob geschnitten
1 EL brauner Rohrzucker

Butterschmalz in einem großen Topf erhitzen. Rindfleischstücke darin scharf anbraten. Mit Salz und Pfeffer würzen.

Zwiebelstücke, Speckwürfel, Lorbeerblätter, Nelken, Thymian sowie 2 EL Senf in den Topf dazugeben und etwa 5 Minuten anbraten, danach mit Essig und Brühe ablöschen.

Das Ganze etwa 2 Stunden zugedeckt bei geringer Hitze schmoren lassen. Gelegentlich umrühren und mit etwas Bratenflüssigkeit beträufeln. Nach Bedarf etwas warmes Wasser zugeben.

Lauch, Fenchel, Kartoffeln sowie Karotten zum Fleisch geben und das Ganze weitere 50 bis 60 Minuten köcheln lassen. Ab und zu vorsichtig umrühren. Mit Salz und Pfeffer abschmecken, mit braunem Zucker verfeinern. Heiß servieren. Frisches Baguette dazu reichen.

Tipp: Das Fleisch sollte Zimmertemperatur haben, bevor es angebraten wird. Außerdem: Lassen Sie sich Zeit! Eile tut dem Schmortopf nicht gut!

La chasse (Die Jagd) – Mischtechnik auf Leinwand – 100 x 100 cm

Claire Duval

Ich wohnte damals mit meiner Mutter und meinen Geschwistern in Paris. Es waren ziemlich schwere Zeiten für meine alleinerziehende Mutter: Das Leben bestand aus ›metro‹, ›boulot‹, ›dodo‹ – Metro, Arbeit, Schlafen. Einmal pro Woche wurde bei uns eingekauft – zwei Karren mit Konservendosen und Packungen mit Kartoffelpüree etc. Meine Mutter hatte ein System, um diese Haushaltsaufgabe leichter zu bewältigen: Sie schrieb alle Produkte auf eine Liste, die sie fast täglich brauchte, und vervielfältigte die Liste. Jede Woche nahm sie eine der Listen und strich durch, was an Vorräten noch da war. Was übrig blieb, musste am Ende der Woche eingekauft werden. Jeden Wochentag gab es ein bestimmtes Gericht: Montag war Eier- und Bratkartoffeltag, Dienstag aßen wir Nudeln mit Hackfleisch, Mittwoch gab es Knackwurst aus der Dose mit Kartoffelpüree aus der Packung … und so weiter … bis zum Sonntag. Der Sonntag aber war Festtag in Mutters Küche. Unvergesslich ist dabei für mich der Duft nach gebratenem Huhn mit Linsen – und der Duft von diesem Rinderschmortopf! – Claire Duval –

BIRNEN IN SCHOKOLADENFONDANT

Für 6 bis 8 Personen – Zubereitungszeit: 25 Minuten; Backzeit: 15 Minuten
Für eine Springform (26 cm ø)

6 Scheiben Rührkuchen
  (siehe Rezept auf Seite 130)
300 g Zartbitterschokolade (70 % Kakaoanteil)
150 g Butter
3 frische Eier (Größe M)
250 g Sahne
45 g Vanillepuddingpulver, gesiebt
60 g Mehl
100 g Zucker
3 reife Birnen, geschält und geviertelt

Als Alternative zum Rührkuchen bietet sich der Gebäckboden von Seite 22 an.

Außerdem: Fett für die Form

Den Backofen auf 200 °C (Umluft 180 °C) vorheizen.

Eine gefettete Springform mit dem Zitronenkuchen auslegen. Schokolade und Butter im Wasserbad schmelzen. Eier trennen und die Eigelbe mit Sahne, Puddingpulver und Mehl zu einer cremigen Masse aufschlagen. Nach Bedarf etwas mehr Sahne zufügen.

Eiweiß steifschlagen, dabei nach und nach den Zucker zugeben. Eigelbe-Sahne-Masse unter die geschmolzene Schokolade ziehen, den Eischnee vorsichtig unterheben. Die Schokoladenmasse auf den Kuchenboden gießen und die Birnen daraufschichten. Im Backofen etwa 15 Minuten backen (die Masse darf innen noch etwas flüssig sein). Abkühlen lassen und nach Belieben mit der Englischen Crème von Seite 110 servieren.

Douceurs précieuses (Kostbare Leckereien) – Mischtechnik auf Leinwand – 55 x 46 cm

Loetitia Pillault

AIOLI

Für 4 Personen – Zubereitungszeit: 10 Minuten

2 große Knoblauchzehen
1 Eigelb
Salz & Pfeffer aus der Mühle
150 ml Olivenöl (extra vergine)
etwas Zitronensaft

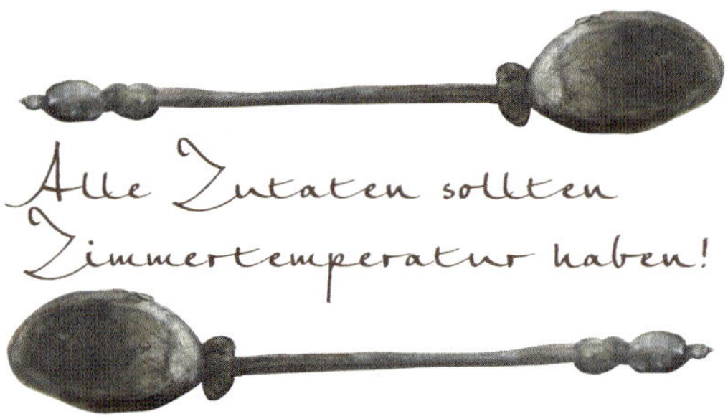

Den Knoblauch schälen, durchpressen und zusammen mit dem Eigelb in eine Rührschüssel geben. Salzen und pfeffern. Das Öl in dünnem Strahl unter ständigem Rühren dazufließen lassen, bis eine cremige Masse entsteht. Zum Schluss etwas Zitronensaft untermischen.

Die 2-Minuten-Variante:

8 EL Olivenöl (extra vergine)
4 EL Mayonnaise (aus dem Glas)
1 Knoblauchzehe, gepresst

Das Öl unter die Mayonnaise rühren. Knoblauch untermengen.

Tipp: Schmeckt köstlich zur Paella auf Seite 136.

Bowl and Garlic (Schale und Knoblauch) – Mischtechnik auf Holz – 15 x 15 cm

Astrid Trügg

On the Shelf (Auf der Ablage) – Mischtechnik auf Holz – 40 x 70 cm

Astrid Trügg

UNCH, LAIT

ZITRONENKUCHEN

Für 8 Personen – Zubereitungszeit: 15 Minuten; Backzeit: 50 bis 60 Minuten

200 g weiche Butter
abgeriebene Schale von 2 unbehandelten
  Zitronen
200 g Zucker
1 Prise Salz
4 frische Eier (Größe M)
200 g Mehl, mit 2 TL Backpulver gemischt
  und gesiebt

Außerdem:
etwas Fett und Mehl für die Form

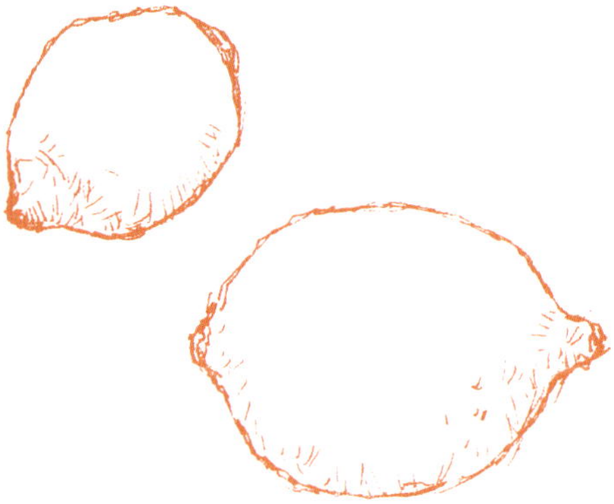

Den Backofen auf 180 °C (Umluft 160 °C) vorheizen.

Butter, Zitronenschale, Zucker sowie Salz mit einem Mixer schaumig rühren. Die Eier einzeln untermischen. Mehl zufügen und das Ganze zu einem luftigen Teig schlagen.

Eine Kastenform fetten und mit etwas Mehl bestäuben. Den Teig in die Form geben und die Oberseite glätten. Im Backofen 50 bis 60 Minuten backen. Den Zitronenkuchen in der Form abkühlen lassen, dann stürzen.

Lemons (Zitronen) – Mischtechnik auf Holz – 60 x 60 cm

Astrid Trügg

»» *Als ich ein kleines Mädchen war, empfand ich die cremige Substanz, die mich nach der Teigzubereitung aus der Rührschüssel anlachte, als den leckersten Teil einer Torte, eines Apfel- oder Rührkuchens. Bereits das Ablecken der Mixerquirle war ein wahres Fest für mich – nicht das geringste Stückchen Teig durfte dabei verloren gehen … nach den Quirlen war die Teigschüssel an der Reihe, und ich bettelte so lange, bis meine Mutter noch ein bisschen Teig für mich übrig ließ. Kam das Gebäck dann endlich duftend aus dem Backofen, hatte ich nicht mehr so viel Interesse daran. Ungebackener Teig schmeckt mir immer noch am besten. Schade, dass man ihn nicht kaufen kann, finde ich!* «« *– Margré Mijer –*

LAMMKOTELETTS MIT KAROTTEN-PAPRIKA-MINZPÜREE

Für 4 Personen – Zubereitungszeit: 45 Minuten; Marinierzeit für das Lammfleisch: 6 bis 8 Stunden

1 Handvoll frische Minzeblättchen, fein gehackt
1 Handvoll frische Thymianblättchen, fein gehackt
8 Knoblauchzehen, gepresst
Salz & Pfeffer aus der Mühle
100 ml Olivenöl
12–16 Lammkoteletts

Für das Püree:
2 rote Paprikaschoten, in feine Streifen geschnitten
500 g Karotten, geschält und gewürfelt
½ rote Chilischote, entkernt und fein geschnitten
100 g Butter

Die Hälfte der Minze, Thymian, Knoblauch, Salz, Pfeffer und Olivenöl in einer Keramikschüssel vermischen. Die Koteletts darin 6 bis 8 Stunden marinieren lassen. Danach zimmerwarm werden lassen.

Für das Püree Paprikaschoten, Karotten und Chili in der Butter anschwitzen. Mit Salz und Pfeffer würzen und 30 Minuten bei milder Hitze schmoren lassen. Mit einem Stabmixer pürieren und die restliche Minze untermischen. Koteletts aus der Marinade nehmen, abtropfen lassen und in einem Bräter rundum goldbraun braten.

Tipp: Zu den Lammkoteletts passt auch gebratene Polenta wunderbar. Die Polenta (siehe Rezept auf Seite 34) am besten am Vortag zubereiten, in Würfelchen schneiden und in einer Pfanne in Öl etwa 3 Minuten goldbraun braten.

»» Jeden Morgen, wenn meine Kinder und ich mit dem Fahrrad unterwegs zur Schule sind, kommen wir an großen Wiesenflächen und an Wassergräben vorbei. Da gibt es jede Menge zu sehen für die Kinder. Eines Tages stand da zum Beispiel mitten auf dem Weg auf dünnen, unsicheren Beinchen ein neugeborenes Lamm. Während wir das Tier vor uns bestaunten, sprang es plötzlich in den Wassergraben neben dem Weg – und ich spontan hinterher. Auf bloßen Knien fischte ich vor den großen Augen meiner Kinder und unter den neugierigen Blicken einiger Radfahrer das zitternde und mähende Lamm aus dem Graben. Obwohl meine Sandalen hinterher voller Schafköttel waren, fühlte ich mich wie eine wahre Heldin. «« – Sanne Kuiper –

Uit de sloot in mijn hart (Aus dem Graben in mein Herz) – Acryl auf Leinwand – 24 x 18 cm

Sanne Kuiper

HIRSCHMEDAILLONS IN BEERENSAUCE MIT ESTRAGON-KARTOFFEL-PLÄTZCHEN

Für 4 Personen – Zubereitungszeit: 45 Minuten

800 g Hirschfilet, in Medaillons geschnitten (2 cm dick)
Salz & Pfeffer aus der Mühle
3 EL Rapsöl

Für die Sauce:
200 g frische Brombeeren und/oder frische Schwarze Johannisbeeren
3 große EL Preiselbeermarmelade oder Cranberry-Chutney
6 EL Rotwein
400 ml Wildfond (aus dem Glas)
etwas weiche Butter
1 EL Mehl

Für die Estragon-Kartoffel-Plätzchen:
4 große, festkochende Kartoffeln, gekocht und geschält
3 EL frische Estragonblätter, fein gehackt

Außerdem:
Olivenöl zum Anbraten

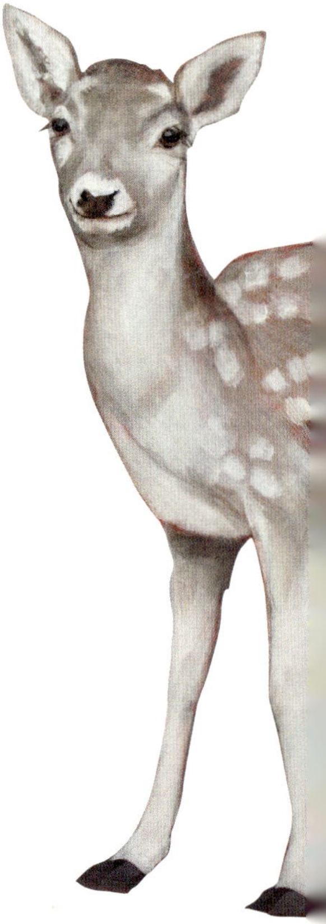

Die Hirschmedaillons mit Salz und Pfeffer würzen. Rapsöl in einer Pfanne erhitzen und die Medaillons 2 Minuten rundum leicht anbraten. Herausnehmen, in Alufolie wickeln und im Ofen bei 70 °C warmhalten.

Für die Sauce die Beeren zusammen mit der Preiselbeermarmelade oder dem Cranberry-Chutney sowie 2 EL Wasser in einen Topf geben und 5 bis 10 Minuten köcheln lassen.

Den Wein in die Pfanne geben und erhitzen, nach etwa 2 Minuten den Wildfond zugeben. Das Ganze bei mittlerer Hitze auf die Hälfte einkochen lassen. Die Butter mit dem Mehl mischen und untermengen. Unter Rühren 2 Minuten köcheln lassen. Die Beerenmischung zugeben und einrühren. Mit Salz und Pfeffer abschmecken.

Für die Estragon-Kartoffel-Plätzchen die Kartoffeln grob reiben, den Estragon untermischen und die Masse mit Salz sowie Pfeffer würzen. Öl in einer Pfanne erhitzen, Kartoffelmasse esslöffelweise hineingeben, etwas flachdrücken und in etwa 3 Minuten rundum goldbraun braten. Alles zusammen servieren.

Tipp: Einige schöne große Brombeeren zum Garnieren beiseitelegen.

Aan tafel (Am Tisch) – Acryl auf Leinwand – 80 x 100 cm

Sanne Kuiper

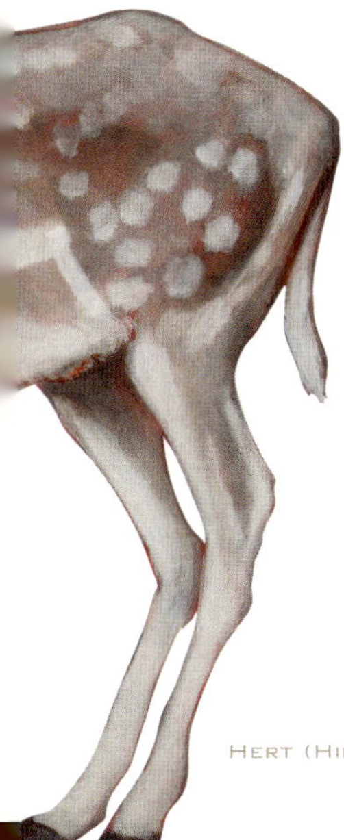

Hert (Hirsch) – Acryl auf Leinwand – 70 x 70 cm

PAELLA MIT GARNELEN, THUNFISCH UND AIOLI VON BART-JAN

Für 4 Personen – Zubereitungszeit: 1 Stunde
Für eine Paellapfanne (36 cm ø) oder eine große Auflaufform mit Deckel

Für den Thunfisch:
1 EL Olivenöl
1 Knoblauchzehe, gepresst
2 EL frische, glatte Petersilie, fein gehackt
350 g frischer Thunfisch, in Stücke oder Scheiben geschnitten

Für die Aioli:
6 frische Knoblauchzehen, geschält
2 rote Paprikaschoten, in Streifen geschnitten
ein paar Fäden Safran
3 große, reife Tomaten, enthäutet und gewürfelt
2 TL rosenscharfes Paprikapulver

Für die Reispfanne:
8 große, rohe Garnelen, geschält, entdarmt
4 große, rohe Garnelen, ungeschält, entdarmt
6 frische Knoblauchzehen, geschält
500 g Risottoreis (Arborio-Reis)
Salz & Pfeffer aus der Mühle
1 Glas Fischfond (aus dem Glas)

Außerdem:
Olivenöl zum Anbraten

Den Backofen auf 220 °C (Umluft 200 °C) vorheizen.

In einer Schale 1 EL Öl mit 1 gepressten Knoblauchzehe sowie der Petersilie mischen und als Marinade über den Thunfisch geben.

Für die Aioli 4 EL Öl in einer Pfanne erhitzen. Knoblauch und Paprikastreifen darin anbraten. Danach in einer Küchenmaschine pürieren. Safran, Tomaten und Paprikapulver zugeben.

In einer Paellapfanne oder Auflaufform 4 EL Öl stark erhitzen und darin den marinierten Thunfisch und die Garnelen sowie den Knoblauch etwa 1 Minute anbraten. Hitze reduzieren, den Reis in die Pfanne geben und unter Rühren 2 Minuten anschwitzen. Aioli zufügen, mit Salz und Pfeffer würzen und 1 bis 2 Minuten weiterkochen.

Den Fischfond mit Wasser auf 1 l Flüssigkeit auffüllen und zum Kochen bringen. In die Pfanne geben und unter Rühren 5 Minuten köcheln lassen. Pfanne für 15 Minuten in den Backofen stellen. Herausnehmen, mit Alufolie bedecken und 10 Minuten nachgaren lassen.

Olé (Olé) – Acryl auf Leinwand – 100 x 50 cm

Sanne Kuiper

HOLLÄNDISCHE CHORTA (WILDGEMÜSE)

Für 4 Personen – Zubereitungszeit: 10 Minuten

600 g frischer Blattspinat, selbst gesammelter Guter Heinrich (Wilder Spinat) oder andere Wildgemüse (z. B. Bärlauch, Giersch, Löwenzahn, Portulak, Rauke)
4 EL Olivenöl von guter Qualität
Salz & Pfeffer aus der Mühle
50 g schwarze, griechische Oliven, entsteint und halbiert
1 Büffelmozzarella, in kleinen Stücken

Außerdem:
Olivenöl (extra vergine) zum Beträufeln

Köstlich als Beilage zu Risotto, Pizza oder Pasta.

Den Spinat oder das Wildgemüse waschen und trockenschleudern.

Das Öl in einer großen Pfanne erhitzen und das Gemüse hineingeben. Vorsichtig wenden, mit Salz und Pfeffer würzen. Nach etwa 2 Minuten herausnehmen und in eine Schüssel geben. Oliven und Mozzarella untermengen und etwas Öl darüberträufeln. Frisches Bauernbrot oder Baguette dazu reichen.

Tipp: Wer es herzhafter mag, kann zusätzlich im Öl Knoblauch mitbraten, bevor das Gemüse in die Pfanne kommt.

Was ist Chorta? Chorta ist eine Spezialität aus Griechenland. Dort bedeutet Chorta nichts anderes als »Kraut« und ist ein Sammelbegriff für essbares Wildgemüse. Man versteht darunter auch das Kraut von Roten Beten, das zusammen mit dem Gemüse gekocht und serviert wird. Obenstehendes Rezept würde ein Grieche vielleicht nicht als originale Chorta erkennen, doch die holländische Variante ist ebenso schmackhaft, im Handumdrehen zubereitet und kann auch kalt als Vorspeise gegessen werden.

DE BIETENOOGST (DIE RÜBENERNTE) – ÖL AUF HOLZ – 23 X 22 CM

Aline E. Jansma

Mein neuer Geliebter, der seit dreizehn Jahren in Griechenland lebte, behauptete: ›Griechen essen jeden Tag Chorta.‹ Ich war Hals über Kopf bei ihm eingezogen, und er wünschte sich, dass ich griechische Gerichte auf den Tisch zauberte. Als ich mich im Gemüseladen nach Chorta umschaute, sah ich nichts, was so aussah wie das, was ich mir unter Chorta vorstellte. ›Im Laden gibt es keine Chorta‹, berichtete ich zu Hause. ›Hast du danach gefragt?‹, kam prompt die Gegenfrage. Das hatte ich nicht, denn korrekte griechische Sätze konnte ich nicht sprechen, und das war mir peinlich. Am nächsten Tag fand ich in einem anderen Laden wieder keine Chorta. Ich hielt es insgeheim für eine Übertreibung, dass Griechen täglich Chorta essen. Irgendwann überwand ich meinen Stolz und fragte in einem Gemüsegeschäft nach: ›Chorta?‹ Die Frau an der Kasse lebte auf, griff nach meinem Handgelenk und zog mich mit in den hinteren Ladenraum. Dort war auf dem Boden ein Riesenberg Grünzeug aufgehäuft – genug, um einem die Sicht auf den sonstigen Ladenvorrat zu nehmen. Kurzum, so viel, um ein ganzes Dorf jeden Tag Chorta essen zu lassen! – Aline E. Jansma –

BEEF WELLINGTON (RINDERFILET IM TEIGMANTEL)

Für 4 Personen – Zubereitungszeit: 35 Minuten; Garzeit: 25 bis 40 Minuten
Für einen Bräter mit Deckel

30 g Butter
1 kg Rinderfilet
Salz & Pfeffer aus der Mühle

Für die Füllung:
50 g Butter
3 Schalotten, fein geschnitten
1 Knoblauchzehe, klein gehackt
4 EL Cognac
100 g Hühnerlebern, fein geschnitten
1 Scheibe Weißbrot ohne Kruste, gewürfelt
100 g Champignons, in Scheiben geschnitten
150 g Rinderhackfleisch
1 Ei, verquirlt

Für den Teigmantel:
4–6 Scheiben TK-Blätterteig
1 Ei, verquirlt

Außerdem: Backpapier

Den Backofen auf 220 °C (Umluft 200 °C) vorheizen.

Die Butter in einem Bräter erhitzen. Das Filet darin etwa 5 Minuten scharf anbraten. Den Deckel auf den Bräter setzen und das Fleisch weitere 15 Minuten schmoren lassen. Herausnehmen und 10 Minuten ruhen lassen. Mit Salz und Pfeffer würzen.

Für die Füllung die Butter in einer Pfanne erhitzen. Schalotten und Knoblauch darin anschwitzen. Mit Cognac ablöschen und Lebern, Brot sowie Champignons zugeben. Das Ganze 2 Minuten garen und mit Salz und Pfeffer abschmecken. Vom Herd nehmen und etwas abkühlen lassen. Hackfleisch und Ei daruntermengen und die Masse in einer Küchenmaschine pürieren.

Für den Teigmantel den Blätterteig so ausrollen, dass die Teigplatte das gesamte Filet umhüllt. Teigreste beiseitelegen. Einen Teil der Füllung auf den Teig streichen, dabei 4 cm Rand aussparen und diesen mit Ei bepinseln. Braten auf den Teig legen und mit der restlichen Füllung bestreichen.

Das Fleisch in den Teig wickeln und die Ränder fest zusammendrücken. Die Nahtstellen mit Ei bestreichen und das Päckchen mit den Nahtstellen nach unten auf einen mit Backpapier belegten Grillrost legen.

Aus den Teigresten Formen zum Dekorieren kneten. Die Unterseite der Formen mit Ei bestreichen und auf die Teighülle aufsetzen (siehe Fotos auf Seite 167). Den gesamten Teigmantel mit Ei bepinseln, die Temperatur auf 200 °C reduzieren (Umluft 180 °C) und den Braten 40 Minuten garen, wenn das Fleisch »medium« sein soll, 25 bis 30 Minuten, wenn es »blutig« sein soll.

De feestdagen (Die Feiertage) – Öl auf Holz – 22 x 19 cm

Aline E. Jansma

Tipp: Servieren Sie Beef Wellington zusammen mit dem Kartoffel-Kastanien-Püree von Seite 102 und reichen Sie dazu den Chicoréesalat von Seite 38.

MERINGUES MIT BEEREN, EIS UND SCHLAGSAHNE

Für 6 bis 8 Personen – Zubereitungszeit: 30 Minuten; Backzeit: 1 Stunde

Für die Meringues:
6 frische Eiweiß
250 g feiner Zucker
1 Prise Salz
abgeriebene Schale von
2 unbehandelten Zitronen

Für den Belag:
200 g frische Beeren und/oder Obst, klein geschnitten (z. B. Blaubeeren, Erdbeeren, Himbeeren, Johannisbeeren, Mango, Maracuja)
1 große Packung Vanilleeis (1 l)
125 g Sahne, geschlagen
1 Handvoll ganze Minzeblättchen oder Basilikumblättchen, gehackt, zum Garnieren

Außerdem:
Backpapier

Den Backofen auf 150 °C (Umluft 130 °C) vorheizen.

Eiweiß in ein hohes Gefäß geben. Mit einem Mixer 8 bis 10 Minuten schlagen, dabei Zucker und Salz hinzufügen. So lange schlagen, bis der Schnee schön weiß ist und Spitzen zieht. Während der letzten Minute die Zitronenschale zugeben und weiterschlagen.

Ein Blech mit Backpapier auslegen. Eischnee in einen Spritzbeutel füllen und 6 bis 8 Meringues auf das Blech spritzen. 50 bis 60 Minuten backen. Im Ofen abkühlen lassen. Die Meringues werden so von außen trocken, sind aber innen noch weich (sollen sie durch und durch knusprig werden, etwa 2 Stunden backen). Im Ofen abkühlen lassen. Auf jeden Teller 1 oder 2 Meringues setzen und Beeren und/oder Obst darumlegen. Je 2 Kugeln Eis und 1 Portion Schlagsahne daraufgeben. Mit Beeren oder Obst garnieren. Mit Minze oder Basilikum bestreuen.

»» Mein Opa war versessen auf Rauchen, Apfelmus und Cremeschnitten. Bei seiner Tätigkeit als Gynäkologe hing ihm immer eine Zigarette im Mundwinkel. Fiel die Asche herunter, rief er: ›Asche ist steril!‹ und setzte seine Arbeit fort. Wenn wir Kinder bei den Großeltern übernachteten, durften wir mit Opa Cremeschnitten kaufen … immer Cremeschnitten, nie etwas anderes, denn Opas Wille war Gesetz. Zu seinem Haus in Frankreich fuhr Opa stets mit einem Chevrolet und kistenweise Apfelmusgläsern, denn eine Mahlzeit ohne Apfelmus war in seinen Augen unvollständig. Während der alljährlichen Ferien in Opas Haus fuhren wir mindestens einmal in das Hotel du Parc, um einen Nachtisch zu genießen: Meringues mit Eis und Sahne … unvergesslich! «« – Wiebke van der Scheer –

Aan tafel met ARTACASA (Am Tisch mit ARTACASA) – Linoldruck und Aquarell – 23 x 16 cm

Aline E. Jansma

Eistipp: Das Vanilleeis ein wenig antauen lassen und die Minzeblättchen oder das Basilikum unterziehen. Das Eis danach wieder in die Tiefkühltruhe stellen – und schon haben Sie ein köstliches Minz- oder Basilikumeis.

KÄSEKUCHEN MIT SCHOKOLADE UND HIMBEEREN

Für 8 bis 12 Personen – Zubereitungszeit: 30 Minuten; Kühlzeit: mindestens 2 Stunden
Für eine Springform (22 cm ø)

1 Rührkuchen (siehe Rezept auf Seite 130), in Scheiben geschnitten
500 g Doppelrahmfrischkäse
175 g brauner Zucker
ausgekratztes Mark von 1 Vanilleschote
200 g weiße oder dunkle Schokolade (mindestens 70 % Kakaoanteil)
100 ml Milch
4 Blatt Gelatine
250 g Sahne, geschlagen
200–300 g frische Himbeeren
1 Zweig frische Minze zum Garnieren
ein paar schöne Himbeeren zum Garnieren

Außerdem:
Backpapier

Eine Springform mit Backpapier auslegen und die Kuchenscheiben auf den Boden der Form drücken. Doppelrahmfrischkäse, Zucker und Vanillemark cremig schlagen. Schokolade und die Hälfte der Milch im Wasserbad erhitzen. Die Gelatine in kaltem Wasser einweichen.

Die restliche Milch erhitzen. Die Gelatine ausdrücken, darin auflösen und unter die Frischkäsemasse rühren. Schokoladenmilch untermengen und Schlagsahne unterziehen. Die Hälfte der Masse auf den Kuchenboden geben und mit den Beeren bedecken. Restliche Masse darüber verteilen. Kuchen für 2 bis 3 Stunden in den Kühlschrank stellen. Mit Minze und Himbeeren garnieren.

Roodborstje 4 (Rotkehlchen 4) – Mischtechnik auf Holz – 14 x 14 cm

Tonny van Raaijen

Roodborstje 11 (Rotkehlchen 11) – Mischtechnik auf Holz – 14 x 28 cm

KÄSEPÄCKCHEN

Für 2 Personen – Zubereitungszeit: 15 Minuten; Backzeit: 15 Minuten

4 Scheiben Filo- oder Blätterteig
(aus dem Kühlregal)
2 EL Olivenöl
2 Rohmilchkäse aus Ziegenmilch à 200 g
(z. B. Saint-Félicien), alternativ Rohmilchkäse
aus Kuhmilch (z. B. Pont-l'Évêque) oder
reifer Camembert
1 Knoblauchzehe, geschält und geviertelt
2 EL trockener Weißwein
2 EL Honig
1 Zweig frischer Rosmarin oder Thymian

Außerdem:
Küchengarn
Backpapier

Mit Weißbrot und einem guten Glas Weißwein servieren!

Den Backofen auf 180 °C (Umluft 160 °C) vorheizen.

Die Teigplatten mit dem Öl bestreichen und jeweils 2 Platten übereinanderlegen. Auf jede Teigplatte 1 Käse setzen und je 2 Knoblauchviertel an verschiedenen Stellen in den Käse drücken.

Die Käsestücke mit je 1 EL Wein beträufeln und die Teigplatten über den Käsestücken zusammenfalten. Mithilfe von Küchengarn zu einem Päckchen verschnüren (siehe Foto auf Seite 163).

Die Käsepäckchen auf ein mit Backpapier ausgelegtes Backblech setzen und im Backofen in etwa 15 Minuten goldbraun backen. Herausnehmen, jeweils 1 EL Honig auf das heiße Käsepäckchen geben und mit einem Kräuterzweig garniert servieren.

DUTCH CHEESE (HOLLÄNDISCHER KÄSE) – ACRYL AUF KÄSEKÄSTCHEN AUS HOLZ – 27 X 27 CM

Tonny van Raaijen

Man sollte annehmen, als Grafikdesignerin eines Kunst-Kochbuchs hätte ich Ahnung vom Kochen. Der neue Herd mit Abzugshaube in meiner Küche unterstützt diesen Eindruck. Leider muss ich zugeben, dass das Gegenteil der Fall ist. Als Grafikerin bin ich zwar durchaus kreativ, aber im Supermarkt bin ich oft ratlos, welche Zutaten ich einkaufen und was ich mit ihnen machen soll. Der erste Band von ›ARTE IN CUCINA‹ hätte da Abhilfe schaffen können, aber das einzige Rezept, das ich aus diesem Kochbuch nachgekocht habe, ist ›Marijkes Sommerpasta‹ (Seite 54). Es ist ein kinderleichtes Rezept, das sogar mir gelingt und seither immer wieder auf meinen Tisch kommt. Ich habe außerdem auch noch ein Lachsgericht mit Zucchini und Tomaten im Repertoire. ›ARTE IN CUCINA 2‹ wird für die Zubereitung meiner Mahlzeiten bestimmt eine ganze Auswahl weiterer Repertoirestücke bereithalten! *– Margré Mijer –*

Kabeljau aus dem Ofen

Für 4 Personen – Zubereitungszeit: 40 Minuten; Backzeit: 20 bis 30 Minuten
Für eine Auflaufform

250 g frische Champignons, geputzt und in dünne Scheiben geschnitten
2 Zwiebeln, in feine Ringe geschnitten
1 grüne Paprikaschote, klein gewürfelt
2 Lauchstangen, in Stücke geschnitten
4 Kabeljaufilets (à 200 g)
Salz & Pfeffer aus der Mühle
4 große, aromatische Tomaten, in Scheiben geschnitten
1 Päckchen Boursin (franz. Frischkäse mit Knoblauch und Kräutern)
etwas Zitronensaft
2 EL trockener Weißwein
1 Bund frischer Schnittlauch, in Röllchen geschnitten, zum Garnieren

Außerdem:
Olivenöl zum Einfetten der Form

Den Backofen auf 200 °C (Umluft 180 °C) vorheizen.

Champignons, Zwiebelringe, Paprikawürfel und Lauch in eine gefettete Auflaufform geben. Die Fischfilets auf das Gemüse betten und mit Salz und Pfeffer würzen. Fisch mit Tomatenscheiben belegen und den Boursin-Käse darüberbröckeln. Mit Zitronensaft und Wein beträufeln.

Kabeljau im Ofen auf der mittleren Schiene 20 bis 30 Minuten backen. Herausnehmen und mit dem Schnittlauch garnieren.

Tipp: Kartoffelpüree, Bratkartoffeln oder Reis dazu servieren.

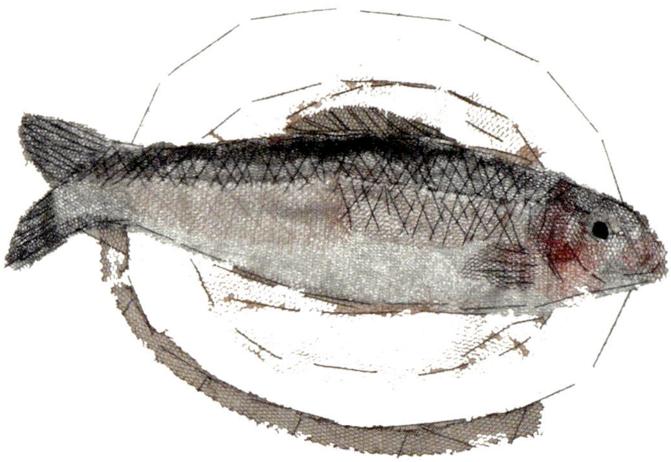

VISSEN (FISCHE) – STOFF – 40 X 40 CM

Nicole Ladrak

BLUMENKOHL MIT LAMMETJESPAP (MILCHBREI) ODER SAUCE VON MEINER MUTTER

Für 2 Personen – Zubereitungszeit: 15 Minuten

1 schöner, fester Blumenkohl,
gewaschen und geputzt
1 Prise Salz
3 EL g Butter
3 EL Mehl
250 ml lauwarme Milch

Für den Milchbrei:
weißer Zucker oder Honig nach Belieben

Für die Blumenkohlsauce:
Salz & Pfeffer aus der Mühle
1 Prise Muskatnuss, frisch gerieben

Den Blumenkohl in einem großen Topf in reichlich Salzwasser in 10 Minuten bissfest kochen.

Die Butter in einem Topf zerlassen und das Mehl mit einem Schneebesen einrühren. Unter ständigem Rühren die Milch hinzugeben, dabei darauf achten, dass sich keine Klümpchen bilden.

Sobald die Milch kocht, die Masse gut durchrühren und kurz aufkochen lassen. Danach entweder als Milchbrei mit etwas Zucker oder Honig süßen oder als Sauce für den Blumenkohl mit Salz, Pfeffer und Muskat herzhaft würzen.

Zum Blumenkohl ist auch geriebener Käse in der Sauce lecker.

BLOEM EN MELK (MEHL UND MILCH) – STOFF – 30 X 30 CM

Nicole Ladrak

»» Meine Mutter kochte nicht gern … wenn es nicht sein musste, ließ sie es sein! Dennoch bereitete sie einige Gerichte zu, die ich als Kind leidenschaftlich gern aß. Eines davon ist ›Lammetjespap‹, einfacher Milchbrei – zugleich auch eine leckere Sauce für den Blumenkohl. Dieser Milchbrei führte in der Regel zum Streit zwischen meinem Bruder und mir. Sobald der typische Kohlgeruch des oft zu lange gekochten Blumenkohls im Wohnzimmer zu riechen war, rannten mein Bruder und ich in die Küche, schnappten uns jeweils ein Schälchen und füllten es randvoll mit dem kochend heißen Brei. Es ging darum, so schnell wie möglich eine gute Portion Zucker darüberzustreuen, damit sich keine eklige Haut bildete. Süß und heiß war diese Sauce köstlich, erstarrt auf Blumenkohl mit einer kräftigen Schicht Muskat aber schlichtweg ungenießbar für uns Kinder! «« – Nicole Ladrak –

Grote afwas (Grosser Abwasch) – Stoff – 35 x 65 cm

Nicole Ladrak

BERBER BOOM

SEITE 27
KIP (HUHN)
GOUACHE AUF PAPIER
30 X 20 CM

DIANA DE BRUIN

SEITE 62/63
VISKRAAM IN KATWIJK
(FISCHSTAND IN KATWIJK)
ÖL AUF LEINWAND
60 X 80 CM

MARIA DE GROOT

SEITE 89
JAPANSE KOM
(JAPANISCHE SCHALE)
MISCHTECHNIK
AUF LEINWAND
30 X 30 X 4 CM

SEITE 91
THEE MET CITROEN
(TEE MIT ZITRONE)
MISCHTECHNIK
AUF LEINWAND
80 X 80 CM

CLAIRE DUVAL

SEITE 121
GOÛTER SAVOURER
(GENIESSEN
AUSKOSTEN)
MISCHTECHNIK
AUF LEINWAND
30 X 30 X 4 CM

SEITE 123
LA CHASSE
(DIE JAGD)
MISCHTECHNIK
AUF LEINWAND
100 X 100 CM

MARIE GODEST

SEITE 13
LOTTE AU CIDRE
(SEETEUFEL
MIT CIDRE)
MISCHTECHNIK
AUF LEINWAND
140 X 80 CM

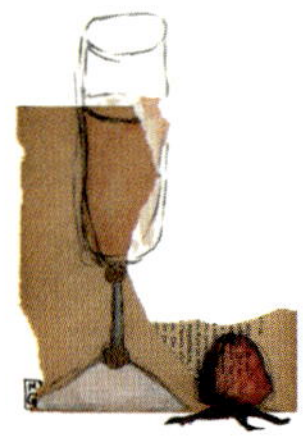

SEITE 15
FRAISE ET FLÛTE
(ERDBEERE UND
SEKTGLAS)
COLLAGE
17 X 27 CM

SEITE 17
LES POMMES
(DIE ÄPFEL)
MISCHTECHNIK
AUF LEINWAND
80 X 70 CM

SEITE 107
AARDBEIEN MET
CHAMPAGNE
(ERDBEEREN MIT
CHAMPAGNER)
MISCHTECHNIK
AUF LEINWAND
120 X 80 CM

SEITE 109
LA SONGEUSE
(DIE TRÄUMERIN)
MISCHTECHNIK
AUF LEINWAND
100 X 80 CM

SEITE 111
À LA CUISINE
(NACH ART DER KÜCHE)
MISCHTECHNIK
AUF LEINWAND
165 X 125 CM

ALINE E. JANSMA

SEITE 6/7
ZEEVRUCHTEN
(MEERESFRÜCHTE)
ÖL AUF LEINWAND
80 X 130 CM

SEITE 9
DE VISSER UIT
CARVALHAL
(DER FISCHER
AUS CARVALHAL)
ÖL AUF HOLZ
22 X 20 CM

SEITE 139
DE BIETENOOGST
(DIE RÜBENERNTE)
ÖL AUF HOLZ
23 X 22 CM

SEITE 141
DE FEESTDAGEN
(DIE FEIERTAGE)
ÖL AUF HOLZ
22 X 19 CM

SEITE 142/143
AAN TAFEL
MET ARTACASA
(AM TISCH MIT
ARTACASA)
LINOLDRUCK
UND AQUARELL
23 X 16 CM

MARIJKE JANSSEN

SEITE 19
IJSKONIJN
(EISKANINCHEN)
KERAMIK UND
PORZELLAN
60 CM

SEITE 21
TAFELEEND
(TISCHENTE)
(KERAMIK UND
PORZELLAN
35 CM

SEITE 103
SPRING IN 'T VELD
(SPRINGINSFELD)
RAKU-KERAMIK
50 CM

SEITE 105
LISTENING (LAUSCHEN)
TONPAPIER UND
KUNSTSTOFF
60 CM

MASCHA KRAGTEN

SEITE 93
HAMAM (DAMPFBAD)
ÖL AUF LEINWAND
(GLANZBESCHICHTET)
30 X 25 CM

Die Künstler und ihre Kunstwerke

MASCHA KRAGTEN

SEITE 95
LEKKER VISJE
(LECKERES KERLCHEN)
ÖL AUF LEINWAND
45 X 30 CM

SANNE KUIPER

SEITE 29 (OBEN)
BESSEN RITSEN
(BEEREN ABSTREIFEN)
ACRYL AUF LEINWAND
70 X 70 CM

SEITE 29 (MITTE)
BESSENSAP 1
(BEERENSAFT 1)
ACRYL AUF LEINWAND
30 X 30 CM

SEITE 29 (UNTEN)
BESSENSAP 2
(BEERENSAFT 2)
ACRYL AUF LEINWAND
30 X 30 CM

SEITE 30/31
AANSCHUIVEN
(ZU TISCH)
ACRYL AUF LEINWAND
70 X 100 CM

SANNE KUIPER

SEITE 133
UIT DE SLOOT
IN MIJN HART
(AUS DEM GRABEN
IN MEIN HERZ)
ACRYL AUF LEINWAND
24 X 18 CM

SEITE 134/135
HERT (HIRSCH)
ACRYL AUF LEINWAND
70 X 70 CM

SEITE 135
AAN TAFEL (AM TISCH)
ACRYL AUF LEINWAND
80 X 100 CM

SEITE 137
OLÉ (OLÉ)
ACRYL AUF LEINWAND
100 X 50 CM

NICOLE LADRAK

SEITE 41
KEUKENPRINSES
(KÜCHENFEE)
STOFF
105 X 85 CM

ALLE KÜNSTLER UNTER:

Nicole Ladrak

Seite 42/43
Het diner
(Das Abendessen)
Stoff
85 x 130 cm

Seite 149
Vissen (Fische)
Stoff
40 x 40 cm

Seite 151
Bloem en melk
(Mehl und Milch)
Stoff
30 x 30 cm

Seite 152/153
Grote afwas
(Grosser Abwasch)
Stoff
35 x 65 cm

Lamberti

Seite 56
Brocca 1
(Krug 1)
Papiermaché
33 x 54 cm

Lamberti

Seite 57 (links)
Brocca 2
Krug 2
Papiermaché
33 x 54 cm

Seite 57 (rechts)
Brocca 3
(Krug 3)
Papiermaché
33 x 54 cm

Andrea Letterie

Seite 23
Boeketje in
blauw kannetje
(Strauss in
blauer Kanne)
Mischtechnik
auf Holz
35 x 25 cm

Seite 25/Umschlag
Visjes (kleine Fische)
Mischtechnik
auf Holz
40 x 45 cm

Seite 77
Kommetjes op tafel
(Schälchen auf Tisch)
Mischtechnik
auf Holz
40 x 40 cm

ANDREA LETTERIE

SEITE 79
MEREL OP KOM
(AMSEL AUF SCHALE)
MISCHTECHNIK
AUF HOLZ
40 X 40 CM

SEITE 115
GESTAPELDE KOMMETJES
(GESTAPELTE SCHÄLCHEN)
BUNTSTIFT AUF PAPIER
14 X 8 CM

SEITE 117
LIMOENTJES
(ZITRONEN)
MISCHTECHNIK
AUF HOLZ
25 X 32 CM

SEITE 119
POMPOEN (KÜRBIS)
MISCHTECHNIK
AUF HOLZ
16 X 16 CM

ELS MAASSON

SEITE 81
SLA DER MOLLEN
(LÖWENZAHNSALAT)
LINOLDRUCK
20 X 20 CM

MARIA MEGENS

SEITE 39
RODE ZOMER
(ROTER SOMMER)
ACRYL AUF LEINWAND
100 X 50 CM

LIESBET MILORT

SEITE 83
EEKHOORN
(EICHHÖRNCHEN)
ACRYL UND KREIDE
AUF HOLZ
36 X 28 X 5,5 CM

SEITE 85
DOL OP HONING
(ERPICHT AUF HONIG)
MISCHTECHNIK MIT
ACRYL AUF HOLZ
70 X 100 X 5,5 CM

SEITE 86/87
LANTAARN 2
(LATERNE 2)
ACRYL AUF HOLZ
80 X 60 X 5,5 CM

LOETITIA PILLAULT

SEITE 125
DOUCEURS PRÉCIEUSES
(KOSTBARE LECKEREIEN)
MISCHTECHNIK
AUF LEINWAND
55 X 46 CM

ERIKA RAIO

SEITE 53
SUNNY ITALY
(SONNIGES ITALIEN)
MISCHTECHNIK
AUF HOLZ
74 X 63 CM

SEITE 54/55
À L'HEURE ROMAINE
(ZUR RÖMISCHEN STUNDE)
MISCHTECHNIK
AUF HOLZ
83 X 150 CM

SEITE 55
SWEETHEART
(SÜSSES HERZ)
MISCHTECHNIK
AUF LEINWAND
20 X 20 CM

TAMAR RUBINSTEIN

SEITE 11
SEA, WATER, WAVES
(MEER, WASSER, WELLEN)
MISCHTECHNIK
AUF PAPIER
38 X 31 CM

SEITE 59
FLEUR D'ORANGE
(ORANGENBLÜTE)
MISCHTECHNIK
AUF PAPIER
43 X 33 CM

TAMAR RUBINSTEIN

SEITE 61
BABA HANOUSH
(BABA GHANOUSH)
MISCHTECHNIK
AUF PAPIER
38 X 33 CM

KAI SAVELSBERG

SEITE 99
VACUUM (VAKUUM)
MISCHTECHNIK
AUF HOLZ
20 X 20 CM

SEITE 101
DAS GESTERN
MISCHTECHNIK
AUF HOLZ
60 X 41 CM

KOOS TEN KATE

SEITE 47
KOEKENBAKKER
(PLÄTZCHENBÄCKER)
ÖL AUF HOLZ
40 X 30 CM

ASTRID TRÜGG

SEITE 49
LATE AFTERNOON
(SPÄTER NACHMITTAG)
MISCHTECHNIK
AUF HOLZ
60 X 60 CM

ASTRID TRÜGG

SEITE 50/51
STILL LIFE
(STILLLEBEN)
MONOPRINT
20 X 28 CM

SEITE 127
BOWL AND GARLIC
(SCHALE UND
KNOBLAUCH)
MISCHTECHNIK
AUF HOLZ
15 X 15 CM

SEITE 128/129
ON THE SHELF
(AUF DER ABLAGE)
MISCHTECHNIK
AUF HOLZ
40 X 70 CM

SEITE 131
LEMONS
(ZITRONEN)
MISCHTECHNIK
AUF HOLZ
60 X 60 CM

ANNET VAN DEN ENDE

SEITE 97
AARDBEIEN
(ERDBEEREN)
ÖL AUF LEINWAND
18 X 24 CM

ANNET VAN DEN ENDE

SEITE 113
CHARLOTTE RUSSE
(RUSSISCHE CHARLOTTE)
ÖL AUF LEINWAND
25 X 25 CM

TOURETTE VAN MEURS

SEITE 45
L'OBJECT TROUVÉ
(FUNDSTÜCK)
ÖL AUF HOLZ
17 X 12 CM

FONNY VAN RAAIJEN

SEITE 73
VARKEN 2
(SCHWEIN 2)
ACRYL AUF HOLZ
19 X 19 CM

SEITE 75 (OBEN)
BOERENBONT 5
(BAUERNMALEREI 5)
ACRYL AUF HOLZ
42 X 42 CM

SEITE 75 (MITTE)
BOERENBONT 4
(BAUERNMALEREI 4)
ACRYL AUF HOLZ
42 X 42 CM

ALLE KÜNSTLER UNTER:

FONNY VAN RAAIJEN

SEITE 75 (UNTEN)
BOERENBONT 3
(BAUERNMALEREI 3)
ACRYL AUF HOLZ
47 X 47 CM

SEITE 144
ROODBORSTJE 11
(ROTKEHLCHEN 11)
MISCHTECHNIK
AUF HOLZ
14 X 28 CM

SEITE 145
ROODBORSTJE 4
(ROTKEHLCHEN 4)
MISCHTECHNIK
AUF HOLZ
14 X 14 CM

SEITE 147
DUTCH CHEESE
(HOLLÄNDISCHER KÄSE)
ACRYL AUF
KÄSEKÄSTCHEN
AUS HOLZ
27 X 27 CM

MONIQUE VAN STOKKUM

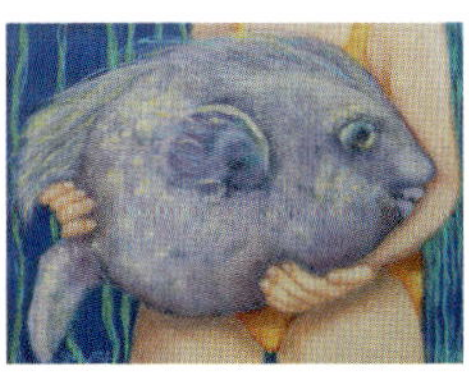

SEITE 70/71
VISVROUW
(FISCHFRAU)
ÖL AUF LEINWAND
18 X 24 CM

BARBARA WICHERS HOETH

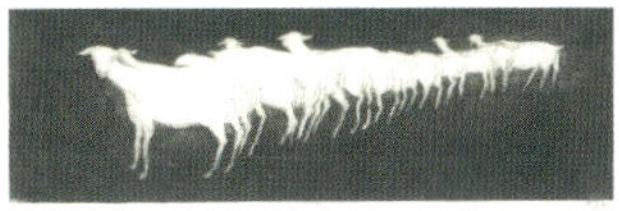

SEITE 32/33
GEITEN (ZIEGEN)
RADIERUNG
15 X 40 CM

SEITE 35
KWARTELS (WACHTELN)
RADIERUNG
20 X 20 CM

SEITE 36/37
DRIETEENSSTRANDL-
OPERS (DREIZEHEN-
STRANDLÄUFER)
RADIERUNG
9 X 40 CM

J. T. WINIK

SEITE 65
PASTRY HEAD 1
(GEBÄCKKOPF 1)
ÖL AUF LEINWAND
35 X 27 CM

SEITE 67
PASTRY HEAD 3
(GEBÄCKKOPF 3)
ÖL AUF LEINWAND
27 X 22 CM

SEITE 68/69
SOPA DE MARISCO
(FISCHSUPPE)
ÖL AUF LEINWAND
33 X 54 CM

Rezeptregister

Rezepte

VORSPEISEN

Alle Künstler unter:

Rezepte

VORSPEISEN

SUPPEN

BEILAGEN

Rezepte

BEILAGEN

HAUPTGERICHTE

Rezepte

HAUPTGERICHTE

Rezepte

HAUPTGERICHTE

ALLE KÜNSTLER UNTER:

Rezepte

HAUPTGERICHTE

DESSERTS

Rezepte

DESSERTS

Rezepte

GEBÄCK

Rezepte

GEBÄCK

REZEPTREGISTER NACH GRUPPEN

V – VEGETARISCHES GERICHT

VORSPEISEN

SUPPEN

BEILAGEN

Rezeptregister nach Gruppen

V – Vegetarisches Gericht

Hauptgerichte

REZEPTREGISTER NACH GRUPPEN

DESSERTS

GEBÄCK

ALPHABETISCHES REZEPTREGISTER

ARTACASA

KERKSTRAAT 411
1017 HX AMSTERDAM
020 6393213
06 50612322
ARTACASA@ARTACASA.NL
WWW.ARTACASA.NL

DANKSAGUNG

WIR DANKEN ALLEN MENSCHEN, DIE ZUM GELINGEN DIESES PROJEKTES BEIGETRAGEN HABEN. MÖGE ES EIN ERFOLG WERDEN!

– WIEBKE VAN DER SCHEER UND MARGRÉ MIJER –

Gestaltung: Margré Mijer
Fotos der Gerichte: Wiebke van der Scheer
Umschlagvorderseite: Andrea Letterie; *Keukenmaid*
(Küchenmädchen), Mischtechnik auf Papier
Umschlagrückseite: Andrea Letterie; *Gestapelde Kommetjes*
(Gestapelte Schälchen), Buntstift auf Papier
Illustrationen vom Vorsatz: Andrea Letterie,
www.andrealetterie.nl

2. Auflage 2011
Für die deutsche Ausgabe

Satz: bookwise Medienproduktion GmbH, München
Satz aus der NuSwift, Chianti und Lingo
Druck und Bindung: Tlačiarne BB, Banská Bystica
Printed in the Slovak Republic

www.gerstenberg-verlag.de

ISBN 978-3-8369-2656-0